Joachim Schweizer
Ansgar Stich

DAMIT ES NICHT GLEICH KRACHT!

Spannende Ländervergleiche aus Afrika, Asien und
Lateinamerika zu Frieden und Gerechtigkeit

GRATIS-DOWNLOADS
für das Fach Politik

Sichern Sie sich 2 originelle, komplett
ausgearbeitete Unterrichtsstunden, die aus
dem Stegreif in maximal 5 Minuten vorbereitet sind – ideal für Vertretungsstunden.

Download der Gratis-Materialien unter
www.auer-verlag.de/07650DK1

FSC
www.fsc.org
MIX
Papier aus ver-
antwortungsvollen
Quellen
FSC® C130643

klimaneutral
gedruckt
www.klima-druck.de
ID-Nr. 1982413
bvdm.

Für das FSC® Produkt kommt ausschließlich FSC®-Papier zum Einsatz das nach den Vorgaben des FSC® bedruckt und verarbeitet wird.
Gedruckt auf umweltbewusst gefertigtem, klimaneutralem, chlorfrei gebleichtem und alterungsbeständigem Papier.

1. Auflage 2019
© 2019 Auer Verlag, Augsburg, in der AAP Lehrerfachverlage GmbH/Bischöfliches Hilfswerk MISEREOR e.V., Aachen
Alle Rechte vorbehalten.

Covergestaltung: Kirstin Lenhart, München
Redaktion: Sandra Breitenlechner, Auer Verlag, und Martin Gottsacker, MISEREOR
Illustrationen: Steffen Jähde, trantow atelier
Layout/Satz: krauß-verlagsservice, Ederheim/Hürnheim
Druck und Bindung: Joh. Walch GmbH & Co. KG, Augsburg
ISBN 978-3-403-08272-9
www.auer-verlag.de

Inhaltsverzeichnis

Vorwort

Die Welt ist weit davon entfernt, ein Ort des Friedens und der Gerechtigkeit zu sein. Das Heidelberger Institut für Konfliktforschung registriert in seinem jährlich erscheinenden Konfliktbarometer für das Jahr 2018 weltweit 374 Konflikte, von denen 214 gewaltsam ausgetragen wurden. 16 Kriege und 25 begrenzte Kriege wurden identifiziert, wobei die meisten im Mittleren Osten, in den Maghreb-Staaten und in Sub-Sahara Afrika stattfinden. Die friedlichste Region ist trotz des Ost-Ukraine-Konfliktes Europa. Während Kinder und Jugendliche in Deutschland im Frieden aufwachsen, sind kriegerische Auseinandersetzungen für viele Jugendliche in anderen Regionen bittere Realität. Frieden ist keine Selbstverständlichkeit, sondern ein erstrebenswerter Zustand in einem dauerhaften Prozess, für den sich Menschen meist unter Lebensgefahr einsetzen und der erarbeitet werden muss.

MISEREOR und der Auer Verlag möchten mit dem vorliegenden Unterrichtsmaterial im Sinne des Globalen Lernens und der Friedenspädagogik das Bewusstsein für unterschiedliche Lebensrealitäten junger Menschen schärfen. Dabei wird ein ganzheitlicher Friedensansatz vermittelt, der gesundheitliche, soziale, ökologische, politische und wirtschaftliche Aspekte umfasst. Ländersteckbriefe, Arbeitsblätter, Beispiele aus der Praxis und methodenübergreifende Aufgaben erleichtern die Unterrichtsplanung besonders für gesellschaftswissenschaftliche Fächer ab der 9. Jahrgangsstufe. Kontinentalübergreifend werden elf Länder näher in den Blick genommen. Die Spannbreite reicht von Lebensumständen in fragilen Staaten (Kapitel Sudan/Südsudan) über den Wandel eines Staates, der einen Genozid zu überwinden hat (Kapitel Ruanda), bis hin zu Darstellungen eines Landes, das sich aktuell im Krieg befindet (Kapitel Syrien). Ein wesentliches Element des Globalen Lernens ist der Perspektivwechsel. Das kognitive und emotionale Einfinden ermöglicht ein empathisches Mitfühlen der Schüler*innen.[1] Entsprechende Methoden wie Rollenspiele oder fiktive Chatbekanntschaften und die Länderbeispiele Kolumbien und El Salvador mit den Themen „Reintegration von ehemaligen jugendlichen Kämpfern" und „Jugendbanden" bieten dafür Zugänge an. Perspektivwechsel schließt auch Lebensweltbezüge der Schüler*innen ein und das Sensibilisieren für Solidarität mit Jugendlichen in anderen Ländern und Kontinenten. Unser Verhalten hier hat Auswirkungen auf das Leben von Menschen in anderen Ländern: Handynutzung und Coltanabbau (Kapitel Kongo), Fleischkonsum und Sojaanbau (Kapitel Paraguay) oder Konsumverhalten und Folgen der Klimakrise (Philippinen) sind nur einige Beispiele, die man anführen kann.

Das vorliegende Unterrichtsmaterial geht aber noch zwei Schritte weiter. In jedem Kapitel werden Personen porträtiert und zu jedem Kontinent wird ein MISEREOR-Beispielprojekt beschrieben. MISEREOR und der Auer Verlag möchten so zu einer positiven Haltung beitragen und aufzeigen, dass sich persönliches Engagement lohnt! Daher soll es nicht bei einer theoretischen Vermittlung im Unterricht bleiben. Lehrer*innen und Schüler*innen sind dazu aufgerufen, sich im Rahmen von „PAX an! Schulwettbewerb Frieden" ganz konkret für Frieden und Gerechtigkeit einzusetzen. Attraktive Gewinne warten!

MISEREOR und der Auer Verlag wünschen Ihnen und Ihrer Klasse gutes Gelingen und viel Erfolg mit dem Einsatz der vielfältigen Unterrichtsmaterialien. Wir erhoffen uns zahlreiche Praxisbeispiele von umgesetzten Friedensprojekten. DAMIT ES NICHT GLEICH KRACHT – PAX AN!

Martin Gottsacker

Sandra Breitenlechner /
Andreas Fleischmann

MISEREOR

Auer Verlag

---

[1] Wir haben uns für die Schreibweise mit dem Sternchen entschieden, damit sich Frauen, Männer und alle Menschen, die sich anders bezeichnen, gleichermaßen angesprochen fühlen. Bitte beachten Sie jedoch, dass wir in Fremdtexten anderer Rechtegeber*innen die Schreibweise der Originaltexte belassen mussten.

Fachwissenschaftliche Einleitung

1   Entwicklungszusammenarbeit als Werkzeug der Gerechtigkeit

„Es gibt keinen Weg zum Frieden. Frieden ist der Weg!" Dieses Mahatma Gandhi[1] zugeschriebene Zitat macht einen pragmatischen Ansatz deutlich. Frieden wird nicht als idealistisches, abstrakt-ideologisches Ziel, für
5 das ja ein jeder und eine jede natürlich immer ist, gesehen, sondern die Mittel überlagern den Zweck. Dieser eigentlich gesinnungsethische Ansatz mit seiner radikalen Gewaltlosigkeit impliziert auch einen besonderen Fokus auf Gerechtigkeit. Der Friedensweg ist
10 konkret einer, der die Abwendung von Ungerechtigkeiten verlangt. Dieser Frieden gelingt also nur durch die Annäherung an den Zustand der Gerechtigkeit. Dies gilt insbesondere für das Feld der globalen Gerechtigkeit. Das politische Werkzeug, das dieses Feld bestellt,
15 ist dem eigenen Anspruch und der äußeren Erwartung nach auch die Entwicklungszusammenarbeit eines Staates. Diese „will Menschen die Freiheit geben, ohne materielle Not selbstbestimmt und eigenverantwortlich ihr Leben zu gestalten und ihren Kindern eine gute Zu-
20 kunft zu ermöglichen. Sie leistet Beiträge zur nachhaltigen Verbesserung der weltweiten wirtschaftlichen, sozialen, ökologischen und politischen Verhältnisse. Sie bekämpft die Armut und fördert Menschenrechte, Rechtsstaatlichkeit und Demokratie. Entwicklungszu-
25 sammenarbeit trägt zur Prävention von Krisen und gewalttätigen Konflikten bei. Sie fördert eine sozial gerechte, ökologisch tragfähige und damit nachhaltige Gestaltung der Globalisierung."[2] Das ist ein von der Bundesregierung selbst auferlegtes und proklamiertes
30 Programm für Frieden und Gerechtigkeit.

Neben dieser staatlichen Orientierung an Frieden einerseits und den Zielen und Motiven des BMZ (Bundesministeriums für wirtschaftliche Zusammenarbeit und Entwicklung) andererseits, bei der man durchaus die Frage stellen darf, inwieweit es sich um sog. „Sonn-
35 tagsreden" handelt und die Arbeit etwa des Wirtschaftsressorts in Sachen Waffenexport kompatibel erscheint, ist die Arbeit der sog. NGOs (= Non-governmental organisations oder NROs = Nichtregierungsorganisationen) bedeutsam. Deren Friedens- und Entwicklungsarbeit
40 muss diese „Ambivalenzen" nicht aushalten, da sie sich professionell auf ihren Kerninhalt beschränkt, z.B. Greenpeace in Umweltfragen, MISEREOR zu Themen der Entwicklungszusammenarbeit oder Ärzte ohne Grenzen in Sachen medizinische Unterstützung.
45

Die Entwicklungszusammenarbeit möchte langfristig strukturelle Gewaltursachen wie ungleiche wirtschaftliche und politische Teilhabe angehen. Die Instrumente dabei sind je nach politischem oder gesellschaftlichem Hebel unterschiedlich: Die staatliche Ent-
50 wicklungszusammenarbeit arbeitet daher primär mit Regierungen zusammen, während die nichtstaatlichen Organisationen verstärkt zivilgesellschaftliche Partnerschaften vor Ort nutzen und auf Methoden wie Dialog, Mediation, Versöhnung, politische Lobbyarbeit,
55 Übergangsjustiz oder psychosoziale Traumaarbeit setzen. Friedensarbeit in oder nach Gewaltkonflikten legt somit den Grundstein dafür, dass Entwicklungsperspektiven wieder möglich werden – diese Entwicklung ist fundamental für das Erreichen von globaler Gerech-
60 tigkeit und damit eines umfänglichen Friedens. Ein umfassendes Angebot der Entwicklungszusammenarbeit, das sowohl staatliche Verpflichtung als auch nichtstaatliche professionelle wie ehrenamtliche Tätigkeit umfasst, kann damit ein Werkzeug der Gerechtig-
65 keit auf dem Weg zum Frieden sein.

---

[1] 1869–1948, indischer Rechtsanwalt, Revolutionär und Pazifist
[2] https://www.bmz.de/de/service/glossar/E/entwicklungszusammenarbeit.html, zuletzt eingesehen am 14.05.2019

2 Frieden

Wenn heutzutage von Frieden die Rede ist, dann ist, ganz allgemein gesagt, gemeint, dass ein Zustand[3] zwischen Menschen, Gruppen oder Staaten vorherrscht
70 bzw. angestrebt wird, der es möglich macht, dass Konflikte[4] konstruktiv und in festgelegten Bahnen ausgetragen werden. Diese Bahnen sind im Prinzip vorgegeben, zum einen rechtlich, zum anderen aber auch gesellschaftlichen Konventionen entsprechend, und
75 verlangen Gewaltlosigkeit. In der Realität werden diese Bahnen allerdings häufig missachtet, besonders in fragilen und autokratisch regierten Staaten. Hier setzt Friedensarbeit unter anderem an.

Das Wort Frieden wird vom althochdeutschen Be-
80 griff „fridu" abgeleitet, welcher „Schonung" bzw. „Freundschaft" bedeutet. Man lebt in Frieden oder auf dem Weg dahin, wenn man in einem momentanen oder dauerhaften Gefühl der Ruhe ohne Störungen, die von einzelnen Konflikten bis hin zum Krieg reichen
85 können, existiert. Allerdings gehören Konflikte auch zum alltäglichen persönlichen und gesellschaftlichen Leben, stellen sie doch auch die Triebfedern und Voraussetzungen für Veränderungen dar. Die Wahrnehmung eines individuellen Zufriedenheitsgefühls ist
90 das Ergebnis eigener Friedfertigkeit und gesellschaftlicher Friedensbemühungen. Diese sehr allgemeine Friedensdefinition ist aber noch nicht vollständig befriedigend, da sie wenig über den Zustand innerhalb dieses Friedens aussagt.

95 Wenn man sich die wichtigsten und prägendsten historischen Friedensepochen anschaut, stößt man auf die sog. „Pax Romana". Mit ihr, dem „Römischen" oder auch „Augusteischen" Frieden, bezeichnet man die innere Friedenszeit des Römischen Imperiums von
100 27 v. Chr., dem Beginn der Herrschaft des Augustus, bis 180 n. Chr., dem Tod Mark Aurels. Diese Zeit beinhaltete inneren Frieden, Stabilität und auch einen durchgängigen allgemeinen Wohlstand. Nach den Bürgerkriegen kam es also nicht nur zur verbesserten inneren Sicher-
105 heit, sondern auch zu ökonomischer und in Folge des-

---

3 „Zustand" wird hier im Sinne einer Situation als Summe momentaner Umstände verwendet. Diese entsteht durch vorherige Entwicklungen, wirkt sich aber auf zukünftige Geschehnisse aus, ist also eingebunden in frühere wie zukünftige Prozesse.

4 Ein Konflikt entsteht, wenn individuelle oder kollektive Interessen unvereinbar erscheinen.

sen kultureller Blüte. Der eher politische Faktor Sicherheit ist also bereits hier ergänzt um die vorwiegend gesellschaftlichen Aspekte Wohlstand und Kultur, um eine umfassende und anstrebenswerte Friedensepo-
110 che zu beschreiben. Aber auch diese Friedenszeit hatte durchaus ihre Kehrseite: Blutige Christenverfolgungen und die allgemeine Belustigung in der Arena mit den makabren „Spielen" um Leben und Tod stabilisierten die Herrschaft. (Nicht nur) dieser Preis war dem „Römi-
115 schen Frieden" zu zahlen. Auch dieser ist somit eine Frage der Perspektive, manche Minderheiten werden diesen „Frieden" kritischer gesehen haben als andere Zeitgenossen. Dies ist auch heute noch häufig der Fall: Selten profitieren alle Konfliktparteien in gleichem
120 Maße von Friedensprozessen. Was dem*der einen Frieden bringt, mag dem*der anderen Unfrieden bescheren.

Die staatlich-politische Seite des eigentlich moralphilosophischen Begriffs nimmt Immanuel Kant in sei-
125 nem berühmten Werk „Zum ewigen Frieden" (1795) in den Blick. Da Frieden nicht den naturgemäßen Zustand des Menschen darstelle, zieht sich Kant sehr stark auf staatstheoretische Aspekte zurück, um dabei der Frage nachzugehen, ob und wie Frieden zwischen Staaten
130 möglich sein könne. Grundlage von Kants Antwort ist die Hauptforderung, es müssten von der Vernunft geleitete Maximen eingehalten werden. Diese lesen sich wie eine völkerrechtliche Handlungsanweisung vernünftiger Regierungen und daher ist es nicht überra-
135 schend, dass die 1945er-Charta der Vereinten Nationen, mithin also ihre Satzung („Verfassung"), entscheidend von dieser Schrift beeinflusst wurde. Im Kern verlangt „ewiger Frieden" die grundsätzliche Achtung staatlicher Souveränität mit sehr restriktiver Option der Ein-
140 mischung, die Abschaffung stehender Heere und von Kriegskrediten, das Einführen von Regularien zu „ehrenhaftem" Verhalten im Kriegsfalle sowie die Forderung bürgerlicher, republikanischer Verfassungen, des Föderalismus und eines Weltbürgertums. Dies soll u. a.
145 Austausch und wirtschaftliche Verbindungen fördern,

sodass Frieden garantiert wird. Auf Basis von Kants Überlegungen entstand später die Theorie des Demokratischen Friedens, laut der Demokratien weniger konfliktiv/gewaltbereit miteinander umgehen. Ein Bei-
150 spiel wäre die Europäische Union, die auch als Friedensprojekt gesehen wird und 2012 den Friedensnobelpreis erhalten hat. Als Grund wird unter anderem die Kontrolle der Politik durch eine Öffentlichkeit genannt, die nur im äußersten Notfall von der Notwendigkeit
155 von Kriegen überzeugt werden könne. Die öffentliche Meinung und ihr Einfluss auf Regierungen spielen für Kant ebenfalls eine Rolle. Tiefergehende, insbesondere innergesellschaftliche Aspekte und ihr Zusammenhang zum Frieden werden von ihm jedoch nicht so explizit
160 angesprochen wie Aspekte des Völkerrechts.

Diese Seite des Friedens greift unter anderem das zivilisatorische Hexagon auf:

Das zivilisatorische Hexagon

Gewaltmonopol

Rechtsstaatlichkeit

Interdependenzen und Affektkontrolle

demokratische Partizipation

konstruktive Konfliktkultur

soziale Gerechtigkeit

© Ogmios / wikimedia (CC BY-SA 3.0)

Der 1940 geborene Friedensforscher Dieter Seng-
165 haas hat über viele Jahre die historische Entwicklung des Friedens zwischen den westlichen Gesellschaften analysiert. Basierend auf seinen Erkenntnissen hat er sechs Faktoren formuliert, die zusammen Frieden wahrscheinlicher machen:

1. Das Monopol auf die Anwendung von Gewalt
170   liegt ausschließlich beim Staat und nicht bei Stammesführern oder Kriegsherren.
2. Die Bindung staatlichen Handelns an Recht und Gesetz ist garantiert (Rechtsstaatlichkeit).
3. Es bestehen wechselseitige Abhängigkeiten (In-
175   terdependenzen) zwischen Staaten und deren Gesellschaften sowie die Fähigkeit, spontane Gefühlsregungen zu kontrollieren (Affektkontrolle).
4. Die Möglichkeit der politischen und gesellschaftlichen Mitsprache ist im Sinne einer de-
180   mokratischen Partizipation gegeben.

5. Es herrscht soziale Gerechtigkeit.
6. Das Gemeinwesen beruht auf einer Kultur des konstruktiven Umgangs mit Konflikten.[5]

Der Norweger Johan Galtung (geb. 1930) schließlich erweitert den Friedensbegriff u.a. um den Aspekt der 185 strukturellen Gewalt[6], der besagt, dass aktuell fehlende Chancen der Selbstverwirklichung im Hinblick auf die grundsätzlich möglichen als eine Form der Gewalt zu sehen sind. Zu dieser strukturellen Gewalt gehört jede Form der Diskriminierung und Ausbeutung 190 bis hin zu ökologischen Beeinträchtigungen. Ähnliches gilt für das Konzept der menschlichen Sicherheit, das 1994 vom Entwicklungsprogramm der Vereinten Nationen (UNDP) vorgestellt wurde und neben den Aspekten physischer Sicherheit vor militärischer Gewalt u.a. 195 auch ökonomische, ökologische, gesundheitliche sowie Ernährungssicherheit umfasst. Galtungs Konzept des positiven Friedens[7] von 1971, das über die bloße Abwesenheit von physischer Gewalt (negativer Frieden) auch das Fehlen struktureller und kultureller Gewalt 200 umfasst, kann in der heutigen politikwissenschaftlichen Friedensdebatte als Standard gelten. Entwicklung, Frieden und Menschenwürde hängen daher eng miteinander zusammen: „Eine Welt, in der den meisten Menschen vorenthalten wird, was ein menschenwürdiges Leben 205 ausmacht, ist nicht zukunftsfähig. Sie steckt auch dann voller Gewalt, wenn es keinen Krieg gibt. Verhältnisse fortdauernder schwerer Ungerechtigkeit sind in sich gewaltgeladen und gewaltträchtig. Daraus folgt positiv: ‚Gerechtigkeit schafft Frieden'."[8]   210

---

5   https://www.bpb.de/gesellschaft/kultur/politische-bildung/193093/frieden?p=all, zuletzt eingesehen am 14.5.2019
6   Das soziologische Modell „Gewaltdreieck" setzt drei verschiedene Begriffe von Gewalt in Beziehung: Neben der genannten strukturellen Gewalt sind dies die personale oder direkte Gewalt (persönlich direkt angewendete Gewalt, wie z.B. Schläge) und die kulturelle Gewalt (ideell existierende Gewalt zur Legitimation direkter oder struktureller Gewalt, wie z.B. ideologische Vorstellungen von körperlicher Züchtigung in der Kindererziehung oder das Kastensystem in Indien).
7   Die Bundesregierung bekennt sich in ihren Leitlinien „Krisen verhindern, Konflikte bewältigen, Frieden fördern" (2017) zum friedenspolitischen Leitbild eines positiven Friedens. Dies gilt zumindest theoretisch mit allen Auswirkungen für andere Politikbereiche, wie z.B. die Handels- oder Klimapolitik. Handfeste Praxisauswirkungen sind allerdings noch nicht dokumentiert.
8   Deutsche Bischofskonferenz, 2000, Hirtenwort „Gerechter Frieden": https://www.misereor.de/informieren/frieden, zuletzt eingesehen am 14.05.2019

Zusammenfassend scheint klar, dass der Friedensbegriff heutiger Prägung verschiedene Dimensionen hat: Zum einen gilt, dass der negative ebenso wie der positive Frieden grundlegend als Abwesenheit von direkter, physischer Gewalt definiert sind. Beim positiven Frieden kommt allerdings der Zustand größtmöglicher sozialer Gerechtigkeit, relativen Wohlstands und ökologisch tragbarer Verhältnisse hinzu. Die Entwicklung vom negativen Frieden hin zum positiven ist gekennzeichnet durch abnehmende Gewalt einerseits und zunehmende Gerechtigkeit sowie die Ausschöpfung der individuellen Entfaltungsmöglichkeiten andererseits.

3 Gerechtigkeit

Der im Zusammenhang mit dem Frieden ebenso zentrale Begriff der Gerechtigkeit ist eine häufig umstrittene und zum Teil nicht ganz klar zu fassende Kategorie. Grundsätzlich wird die menschliche Tugend Gerechtigkeit hoch geschätzt. Gleiches gleich und Ungleiches ungleich zu behandeln, ist Maßstab menschlichen Verhaltens. Diese ideale Vorstellung birgt allerdings die eklatante Unklarheit, was denn als „gleich" und was als „ungleich" zu betrachten ist. Im Bereich individueller Werte ist Unschärfe eher der Regelfall als die Ausnahme. Wenn zusätzlich religiöse Dimensionen ins Spiel kommen, ist der Bereich der individuellen Gerechtigkeit sehr schwer zu fassen. Auch deshalb wird die wahre und endgültige Gerechtigkeit nach vielerlei Auffassung dem Menschen erst im Paradies zuteil. Besagter Immanuel Kant fasst Gerechtigkeit im Gegensatz dazu radikal diesseitig auf, schon allein, weil der Mensch Gottes Gerechtigkeit gar nicht erfassen könne. Der Kategorische Imperativ gibt auch die Anweisung gerechten Agierens: Handle stets so, dass die Maxime deines Handelns jederzeit allgemeingültiges Gesetz werden könnte. Dieses Motto missachtet allerdings Randfälle, Ausnahmen, Grenzüberschreitungen, die ebenso notwendig sein könnten, wohl als gerecht angesehen werden müssten, aber nicht zur vernunftgesteuerten allgemeinen Staatsgrundlage taugen.

Noch weiter weg von der individuellen Tugend der Gerechtigkeit führt der Ansatz der sozialen Gerechtigkeit: „Unter sozialer Gerechtigkeit sind allgemein akzeptierte und wirksame Regeln zu verstehen, die der Verteilung von Gütern und Lasten durch gesellschaftliche Einrichtungen (Unternehmen, Fiskus, Sozialversicherungen, Behörden etc.) an eine Vielzahl von Gesellschaftsmitgliedern zugrunde liegen, nicht aber Verteilungsregeln, die beispielsweise ein Ehepaar unter sich ausmacht."[9] Als Untergruppen sozialer Gerechtigkeit sind verschiedene Kategorien etabliert: Das geht z.B. von Leistungs- und Chancengerechtigkeit über Verteilungsgerechtigkeit und inter- sowie intragenerationale Gerechtigkeit hin zur globalen Gerechtigkeit.

Ein Gerechtigkeitskonzept, nach dem jeder das absolut selbe bekommt, ist weder realistisch noch überzeugend. Das Bestreben ist, individuelle Talente und Fähigkeiten maximal entwickeln und ausbauen zu können, sodass man sie in den jeweiligen Umgebungen den Anforderungen entsprechend einsetzen kann. Die individuelle Dimension unter Berücksichtigung z.B. von Startvoraussetzungen ebenso wie Umgebungsbedingungen bleibt unabdingbar, wenn man dem Konzept Gerechtigkeit auch nur annähernd gerecht werden möchte.

Auch wenn es immer unterschiedliche individuelle Auffassungen davon geben wird, was als gerecht gelten kann, ist es wichtig, darüber Debatten zu führen. Wertgebundene Abwägungen über Verteilung und Nutzung von Ressourcen sind Grundlage individueller wie auch politisch-gesellschaftlicher Entscheidungen und damit unausweichlich. Das Maß der Gerechtigkeit zu beurteilen, ist schwierig. Kategorien gibt es viele. So kann es etwa um die Befriedigung von Bedürfnissen, das Erfüllen von Vereinbarungen, die Honorierung von Leistung, eine grundsätzliche Gleichbehandlung aller, den Ausgleich von Ungleichheit oder auch die Nachhaltigkeit gehen. Gerechtigkeit ist ein Konzept, das sowohl Grundlage wie auch Ziel vielfältigen individuellen sowie kollektiven Handelns von Menschen ist.

---

[9] http://www.bpb.de/politik/grundfragen/deutsche-verhaeltnisse-eine-sozialkunde/138445/soziale-gerechtigkeit?p=all, zuletzt eingesehen am 14.05.2019

4 Wie realistisch ist „Frieden"?

Am Ende verlangen so differenzierte Konzepte wie Frieden und Gerechtigkeit einen pragmatischen Ansatz. Frieden und Gerechtigkeit sind anzustrebende Daseinszustände bzw. -formen, die in voller Ausfaltung 295 derzeit auch unter Berücksichtigung der globalen Verhältnisse für viele nur schwer vorstellbar sind. Wann ist man zufrieden? Was reicht zum Leben? Schon allein wegen der vielfältigen Wahrnehmung dessen, was individuell als gerecht gilt, halten einige das Erreichen 300 eines positiven Friedens für eine paradiesische Utopie. Der englische Staatstheoretiker und Philosoph Thomas Hobbes (1588–1679) ging davon aus, dass der Mensch dem Menschen ein Wolf – das heißt von egoistischen Eigeninteressen geprägt – sei. Nach diesem Menschen- 305 bild würde der Wolf selbst bei Zähmung nicht automatisch zum Lamm, sondern eben eher zu einem Hofhund. Und auch der habe noch seine eigene Wahrnehmung dessen, was ihm zusteht, was ihm gerecht wird.

Viele kapitalistische Ansätze deuten im Gegensatz 310 zur egalitär-kommunistischen Auffassung ein gewisses Maß an Ungleichheit und damit Ungerechtigkeit als notwendige Voraussetzung für gesellschaftliche und insbesondere ökonomische Prozesse. Das fragwürdige, immerwährende und immer nötige Mehr der kapitalistischen Marktordnung ist ansonsten gar nicht 315 zu schaffen. Da lebt der moderne Mensch im Hamsterrad des Dauerwachstums mit allen Kollateralschäden am Gerechtigkeitskonzept.

Dies betrifft gerade und besonders die globale Gerechtigkeit. Heute oszilliert diese als Ansatz zwischen 320 einer gewissen Kompensation von historischer Ungerechtigkeit spätestens der Kolonialepoche und einer egoistischen politischen Mode der Forderung nach Bekämpfung von Fluchtursachen als vermeintlichen Beitrag zum Frieden. Globale Gerechtigkeit zwischen 325 Ländern jeglichen Entwicklungsstandes zu erreichen, kann als weltpolitische Frage der Zukunft gelten. Sie ist jedenfalls entscheidend für die Realisierung nahezu aller Ideen von Frieden und Gerechtigkeit und außerdem stellt sie die Basis der von den Vereinten Nationen 330 2015 vereinbarten 17 „Sustainable Development Goals" (Nachhaltigkeitsziele) dar.

5 Von der Kompensation historischer Defizite zur eigennützigen Fluchtursachenbekämpfung?

In heutigen politischen Sonntagsreden sind die Begriffe „Nachhaltigkeit" und „Gerechtigkeit" prominent 335 platziert, aber immer mehr greift auch die Rede von der „Bekämpfung von Fluchtursachen" als inneres wie äußeres Friedenskonzept um sich. Wessen Leben von Krieg und politischer Verfolgung bedroht ist, wird international als Flüchtling anerkannt und hat ein Recht 340 auf Schutz. Wer sich auf der Suche nach besserer Arbeit und wirtschaftlichen Perspektiven auf den Weg macht, wird hingegen als Migrant*in eingestuft, für den*die andere Gesetze und Verfahren gelten. Die Grenze dazwischen ist natürlich fließend, da sowohl 345 direkte als auch strukturelle Gewalt zum Beispiel gute Arbeitsplätze zerstören.

Natürlich möchte kein Mensch aus Notwendigkeit migrieren oder flüchten und jeder lieber in seiner Heimat verbleiben. Wenn dies nicht so wäre, müsste man 350 sich ohnehin wundern, warum Menschen nicht schon längst in weitaus größerer Zahl vor den Türen Europas oder Nordamerikas stehen. Natürlich müssen Fluchtursachen und solche, die Menschen aus Zwang veranlassen, ihre Heimat zu verlassen, bekämpft werden. Armut, die durch ungerechte weltweite Handelsbezie- 355 hungen entsteht, oder Ökokatastrophen am anderen Ende der Welt, die durch hohen Fleischkonsum in Europa verursacht sind, bekämpfen allerdings keine Ursachen, sondern sind vielmehr der Auslöser, weshalb sich viele Menschen entschließen (müssen), ihre Hei- 360 mat zu verlassen.

Es geht oftmals eher um kosmetische Maßnahmen, darum, es den Menschen in ihrer Not einigermaßen kommod einzurichten, sodass sie nicht bei uns vor der Haustür stehen. Auch lässt die Rede von der Flucht- 365 ursachenbekämpfung und das Ringen um ein Einwanderungsgesetz bei manchen Verwendern Zweifel an der Grundhaltung aufkommen. Welches Menschenbild treibt diese denn um, wenn es erkennbar nicht um Hu-

370 manität, sondern um Nützlichkeit geht und Personen mit medizinischer oder IT-Ausbildung durchaus als Migrierte ins Land kommen dürfen, alte, behinderte oder schlechtqualifizierte Menschen jedoch nicht?

Der Fahrplan für die zukünftige weltweite Entwicklung im Hinblick auf mehr Gerechtigkeit und Frieden muss neue Herausforderungen berücksichtigen: Die Klimakrise, die Ernährungssituation, der Energiebedarf, weltweite Krisen und Konflikte oder rohstoffintensive und auf unbegrenzten Wachstum ausgerichtete Wirtschaftsstrukturen sind nur einige dieser Zukunftsthemen. Die Vereinten Nationen haben mit den 2015 vereinbarten und bis ins Jahr 2030 reichen-

den 17 „Sustainable Development Goals" einen Rahmen geschaffen, der den positiven Frieden und die globale Gerechtigkeit zum Ziel hat. Armut bekämpfen (Ziel 1), eine hochwertige Bildung gewährleisten (Ziel 4), Geschlechtergleichheit garantieren (Ziel 5) oder Frieden, Gerechtigkeit und starke Institutionen fördern (Ziel 16) sind nur einige der Ziele, an denen sich die Weltpolitik 2030 messen lassen muss, will man „wirtschaftlichen Fortschritt im Einklang mit sozialer Gerechtigkeit und im Rahmen der ökologischen Grenzen der Erde"[10] ermöglichen.

_____

[10] http://www.bmz.de/de/ministerium/ziele/2030_agenda/index. html, zuletzt eingesehen am 14.05.2019

— **AUFGABEN** —

1 Erarbeite dich beeindruckende Kernaussagen des Textes. Formuliere diese in zehn griffigen Sätzen.

2 Entwickle für jeden der Textabschnitte 1–5 eine alternative Überschrift.

3 Was als gerecht wahrgenommen wird, kann sehr unterschiedlich sein.

3.1 Wähle ein möglichst aktuell diskutiertes Thema sozialer Gerechtigkeit und formuliere eine beliebte Forderung daraus (Beispiel: Thema Generationenvertrag, Forderung: Ergänzung der Rente durch eigene Altersvorsorge). Stelle dir nun vor, dass du diese Forderung einem Menschen aus einem weniger entwickelten Land der sog. „Dritten Welt" unter dem Gesichtspunkt der Gerechtigkeit erklären müsstest. Formuliere eine Passage dieser Erklärung.

3.2 Worin liegt dein Hauptproblem bei der Bearbeitung von 3.1?

4 Im letzten Abschnitt werden im Zusammenhang mit dem Menschenbild die beiden Schlagworte „Humanität" bzw. „Nützlichkeit" verwendet.

4.1 Erläutere diese Verknüpfung und finde dafür geeignete Beispiele.

4.2 Formuliere ein Menschenbild, das deiner Meinung nach sinnvoller Entwicklungszusammenarbeit zugrunde liegen sollte.

5 Stelle dir vor, du seist für einen Tag Bundesminister*in für wirtschaftliche Zusammenarbeit und Entwicklung und hättest die Möglichkeit, eine einzige weitreichende, fundamentale Entscheidung auf dem Weg zu mehr Gerechtigkeit und Frieden zu treffen. Welche wäre das? Erläutere deine Antwort.

6 Recherchiert ausgehend von den Informationen des Textes in Gruppen die auf dem New Yorker Weltgipfel für nachhaltige Entwicklung 2015 verabschiedeten Ziele für nachhaltige Entwicklung. Stellt sie zusammenfassend dar und verdeutlicht ihre wichtigsten Inhalte. Inwiefern lässt sich diese „Agenda 2030" als eine globale Agenda für positiven Frieden bezeichnen?

7 Im Text wird in den Zeilen 301–304 eine Metapher hinsichtlich des Menschen verwendet. Erläutere durch eine Internet-, Bibliotheks- oder Expertenrecherche den Ursprung dieser Metapher, erkläre mit eigenen Worten, welche Aussage in diesem Text damit verbunden wird, und beziehe Stellung dazu.

Didaktisch-methodische Hinweise

Der folgende Hauptteil dieser Handreichung widmet sich den Herausforderungen für Frieden und Gerechtigkeit in unserer Welt. Nach Kontinenten gegliedert werden verschiedene Länder genauer in den Blick genommen, in welchen es aus unterschiedlichen Gründen an Frieden und Gerechtigkeit mangelt. Ergänzend dazu werden in jedem Länderkapitel Projekte, Initiativen oder Personen vorgestellt, die sich für Frieden und Gerechtigkeit einsetzen. Somit wird einer positiven Grundhaltung Rechnung getragen und aufgezeigt, dass sich das Engagement für Frieden und Gerechtigkeit lohnt. In den einzelnen Kapiteln soll aber auch immer wieder der Fokus auf den lebensweltlichen Bezug gelegt werden, um es den Lernenden zu ermöglichen, Querverbindungen zu ihrer eigenen Realität herzustellen. Ihnen soll deutlich werden, dass ihr Handeln ganz konkrete Auswirkungen für das Leben der Menschen z. B. in Afrika, Asien und Lateinamerika hat.

Die einzelnen Länder werden nochmals untergliedert in verschiedene Unterkapitel bzw. sinnvolle Unterrichtseinheiten, die je nach Leistungsfähigkeit und Arbeitstempo der Lernenden ca. 45 bis 135 Minuten Unterrichtszeit in Anspruch nehmen. Als Kenner*in Ihrer Klasse können Sie am besten selbst beurteilen, wie viel Zeit tatsächlich benötigt wird, sodass hierzu keine konkreten Vorgaben gemacht werden.

Die Länderkapitel beginnen stets mit einem Steckbrief, welcher es den Schüler*innen ermöglicht, sich grundlegende Sachkompetenz zu Land, Menschen, Geschichte und Politik anzueignen, auf deren Basis dann eine differenzierte Auseinandersetzung zu einem bestimmten Schwerpunkt erfolgen kann, sodass Wahrnehmungskompetenz, Deutungskompetenz, Urteilskompetenz sowie die Kommunikationskompetenz Ihrer Schüler*innen gefördert werden. Den Abschluss der Länderkapitel bildet die Auseinandersetzung mit einer bekannten bzw. für die Thematik repräsentativen Person, was einerseits bisher Gelerntes wiederholt, andererseits aber auch im Hinblick auf die Biografie zur Diskussion und Reflexion anregt.

Der Hauptteil gliedert sich wie folgt:

Demokratische Republik Kongo – Rohstoffe: Segen oder Fluch?

Im Anschluss an den Steckbrief werden die Schüler*innen in ihrer lebensweltlichen Realität abgeholt. Das Arbeitsblatt „Mein Smartphone und ich" richtet den Fokus auf einen sehr wichtigen Begleiter der Jugendlichen in ihrem Alltag, sodass hier eine intrinsische Motivation gegeben ist. Durch die abschließende Aufgabe 3 erfolgt die Überleitung zur DR Kongo. Ziel der folgenden Beschäftigung und Auseinandersetzung mit den Arbeitsblättern „Kongo: Kinderarbeit für Smartphones?", „Magic Cobalt: Begehrtes Metall – Tendenz steigend", „Kleinbergbau im kongolesischen Kobaltsektor: Chancen und Risiken" und „Audry Bialura – Kleinschürfer in der Coltanmine Fungamwaka" ist es, die Jugendlichen dazu anzuregen, über die Themenstellung „Rohstoffe: Segen oder Fluch?" zu reflektieren, insbesondere auch vor dem Hintergrund der Tatsache, dass wir z. B. durch die Nutzung von Smartphones (indirekt?) mit dem Krieg in der DR Kongo in Verbindung stehen.

Sudan und Südsudan – der Staat und ich, ich und der Staat

Der Steckbrief vermittelt den Lernenden einen Überblick zu den ihnen meist unbekannten Ländern Sudan und Südsudan, wobei sie auch die Begriffe „failed state" bzw. „fragile state" kennenlernen. Um einen Bogen zur eigenen Lebenswelt zu schlagen, überlegen die Schüler*innen mit dem folgenden Arbeitsblatt „Wie begegnet mir der Staat?" anhand des Ablaufs einer üblichen Woche, wie sie mit „Staat" in Kontakt treten, und erkennen dabei auch, wie das Leben in einem funktionierenden Staatswesen aussieht. Im Kontrast dazu stehen die Merkmale und Ursachen von Staatszerfall, mit welchen sie sich im folgenden Arbeitsblatt „Fragile Staaten: Kein Ort zum Leben" auseinandersetzen. Diese recht allgemeinen Aspekte werden dann ganz konkret am Beispiel des Bürgerkriegs und dessen Folgen im Sudan bzw. Südsudan veranschaulicht, worauf sich die Frage anschließt, wie man die Menschen vor Ort unterstützen kann. Hierfür werden einerseits Initiativen von MISEREOR thematisiert, anderseits sollen die Schüler*innen auch überlegen, wie z.B. eine Einzelperson – hier das aus dem Südsudan stammende Supermodel Alek Wek – einen Beitrag zur Verbesserung der Situation leisten könnte.

Ruanda – Nachbar, Freund, Todfeind

Mithilfe der Steckbrief-Aufgaben erarbeiten sich die Schüler*innen überblicksartige Kenntnisse zu Ruanda. Dabei steht der Völkermord von 1994 im Mittelpunkt, was auch zum Nachdenken darüber anregen soll, was es bedeutet, wenn ein Land untrennbar mit einem solchen Zivilisationsbruch verbunden wird. Ein Aspekt, über den es sich sicher auch vor dem Hintergrund der deutschen Geschichte in der ersten Hälfte des zwanzigsten Jahrhunderts nachzudenken lohnt! Im weiteren Verlauf des Kapitels rückt zunächst das für Ausgrenzung und Gewalt oftmals ursächliche Thema „Vorurteile gegenüber Minderheiten" in den Fokus, wobei die Lernenden auch über eigene Vorurteile reflektieren, um sich anschließend zu überlegen, was man beachten muss, um sich eben nicht von diesen leiten zu lassen. Mit dem Arbeitsblatt „Ruanda. Lichtblick mit Schatten" wird der Blick dann wieder nach Ostafrika gerichtet. Am Beispiel eines sogenannten Versöhnungsdorfes, einer Einrichtung, die den meisten Lernenden auf den ersten Blick vermutlich recht fremd vorkommen wird, soll über Möglichkeiten der Aufarbeitung vergangenen Leids und die aktuelle Situation in Ruanda diskutiert werden, wozu sich der Einsatz der Kugellager-Methode in besonderem Maße anbietet.

Philippinen – von der Klimakrise und ihren Folgen

Im Anschluss an den Steckbrief beschäftigen sich die Schüler*innen mit einer Karikatur, die durch die Bezugnahme auf „Sommer, Sonne, Strand" zunächst positive Assoziationen wecken könnte. Bei genauerem Betrachten wird sich dies allerdings ändern bzw. bei vielen Lernenden wird auch eine Art kognitive Dissonanz entstehen, welche durch die anschließende Beschäftigung mit den Folgen der Klimakrise aufgelöst wird. Inwieweit unser Konsum dazu beiträgt, die Klimaungerechtigkeit zu verschärfen, mit der konkreten Folge, dass z.B. die Insel Siargao in vielerlei Hinsicht massiv gefährdet ist, wird durch die Arbeitsblätter „Konsum, Klimagerechtigkeit und Klimaungerechtigkeit" sowie „Das Projekt SIKAT" deutlich, sodass die Schüler*innen anschließend selbst in die Zukunft blicken sollen, um mögliche Szenarien – im Positiven wie im Negativen – für die Zukunft eines derart von der Klimakrise betroffenen Landes wie den Philippinen zu entwickeln.

Indien – für alle Zeiten in einer Schublade?

Auf die Bearbeitung der Aufgabenstellungen des Steckbriefs folgt ein Arbeitsblatt, welches im Kontext „Indien" zunächst vielleicht etwas überraschen mag: Die Schüler*innen beschäftigen sich mit der Biografie Joschka Fischers, der ihnen freilich aufgrund ihres Alters in aller Regel nicht mehr bekannt sein wird. Er ist jedoch ein Paradebeispiel für jemanden, der es geschafft hat, „Standesgrenzen" zu überwinden. Daran schließt sich eine Problematisierung der Frage nach der Durchlässigkeit von gesellschaftlichen Schranken in der BRD an. Damit ist der Bezug zum Kastensystem in Indien angebahnt und die Lernenden können sich wesentliche Merkmale sowie die gesellschaftlichen Konsequenzen eines solchen Systems mithilfe des Darstellungstextes „Das indische Kastensystem" selbst erarbeiten. Die Frage, inwieweit sich solche Systeme transformieren lassen bzw. in welchem Ausmaß Veränderungen in einem solch festgefahrenen System möglich erscheinen, reflektiert das Arbeitsblatt „People Led Development (PLD)". Am Ende rundet eine Beschäftigung mit dem „Weltveränderer" Mahatma Gandhi das Kapitel ab.

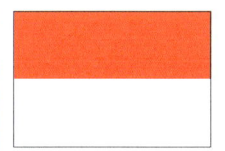

Indonesien – der Islam und die anderen

Der Steckbrief vermittelt den Lernenden Basiskenntnisse zu Indonesien und regt zu einem Vergleich mit der BRD an. Das darauffolgende Arbeitsblatt „Weißt du, wer ich bin?" lenkt den Fokus auf das Thema „Religion" und veranschaulicht bzw. reflektiert am Projekt eines interreligiösen Friedenskonzertes, welchen Beitrag Religionen für die Förderung von Toleranz sowie friedlichem Zusammenleben in unserer Welt leisten können. Dass dies aber nicht selbstverständlich ist bzw. was passieren kann, wenn etwa aufgrund eines Gedichts (religiöse) Gefühle verletzt werden, zeigt das Arbeitsblatt „Indonesien. Religiöse Toleranz auf dem Rückzug" und lädt dazu ein, über Möglichkeiten und Grenzen von Kunst hinsichtlich politischer und gesellschaftlicher Einflussnahme zu reflektieren. Der Bezug zur Kunst wird auch zum Abschluss des Kapitels gewahrt, wenn sich die Schüler*innen mit der indonesischen Punk-Band „Superman is Dead" auseinandersetzen und darüber nachdenken, welche Einflussmöglichkeiten Prominenten, die oftmals als Vorbilder und Idole fungieren, z. B. im Hinblick auf die Einhaltung von Menschenrechten sowie für die Herstellung bzw. Wahrung von Frieden, zukommen.

Syrien – Zerstörung, Tod und Flucht

Durch einen Vergleich zwischen der aktuellen Situation in Syrien und der BRD sollte den Lernenden im Anschluss an die Lektüre des Steckbriefs klar werden, in welch privilegierter Lage wir uns befinden, da wir in Frieden und Wohlstand leben können. Aufgrund der durch nüchterne Darstellungstexte schwer zu fassenden Situation der Menschen in Syrien sollen die Lernenden im weiteren Sequenzverlauf zunächst über einen Bildimpuls weiter an das Thema herangeführt werden. Beim Arbeitsblatt „Flucht und Vertreibung" diskutieren sie im Anschluss über die Geschichte des 18-jährigen Wahid und seine möglichen Zukunftsperspektiven. Schließlich wird in den beiden Arbeitsblättern „Die Deutschen und die sogenannte Flüchtlingskrise" und „Rafik Schami: Sami und der Wunsch nach Freiheit" wieder direkt darauf eingegangen, „was das mit uns zu tun hat". Besonders wichtig erscheint dabei, dass die z.T. vorurteilsbehafteten Äußerungen des Arbeitsblattes „Die Deutschen und die sogenannte Flüchtlingskrise" thematisiert werden und mit dem vorurteilsfreien und vorbildhaften Verhalten von Klaus und Franziska aus Rafik Schamis Romanauszug kontrastiert werden.

Paraguay – mein Land, dein Land, unser Land

Mithilfe des Steckbriefs werden Basiskenntnisse über Paraguay erworben und Gemeinsamkeiten und Unterschiede zur BRD herausgearbeitet. Dann wird der Fokus auf die Sojabohne gelegt, um eine Beschäftigung mit der Problematik „Landraub" anzubahnen. Da Jugendliche sich in der Regel intensiv mit dem Thema „Ernährung" beschäftigen, sollten hier gute Chancen bestehen, dass sie sich im Anschluss an eine Abwägung von Vor- und Nachteilen der verschiedenen Ernährungsformen auf eine Auseinandersetzung mit dem für sie zunächst wenig fassbaren Thema „Landraub" einlassen. Diese soll auf spielerische und handlungsorientierte Art und Weise erfolgen, indem sie auf der Basis der Informationen zu den fiktiven Personen ein Rollenspiel gestalten. Die Erkenntnisse, Erfahrungen und Problemstellungen, die sich aus der Durchführung des Rollenspiels ergeben, werden dann mit dem Arbeitsblatt „Kann Soja töten?" in Verbindung gebracht, sodass hier die anfänglich angebahnten affektiven und methodischen Lernziele durch kognitive angereichert werden. Durch die Person Juan Baéz erfolgt eine abschließende Veranschaulichung sowie eine Sammlung von Ideen im Hinblick auf die Ausgestaltung nachhaltiger Landwirtschaft – etwas, das sicherlich in Zukunft nicht nur Paraguay, sondern uns alle ganz direkt betrifft!

El Salvador – Hilfe, ein Jugendlicher!

Mittels des Steckbriefs werden grundlegende kognitive Lernziele zum flächenmäßig kleinsten Land Zentralamerikas vermittelt und diese dann auf handlungs- und produktionsorientierte Art und Weise durch die Gestaltung eines Beitrags für das Schülerradio vertieft. Das Schwerpunktthema „Jugendkriminalität" wird anschließend mithilfe eines Schreibgesprächs in Gruppenarbeit eingeführt, indem die Schüler*innen zu dem Bildimpuls ihre Assoziationen, Eindrücke etc. äußern, welche auch im Zuge der Bearbeitung des Arbeitsblattes „Jugend ohne Macht" wiederaufgenommen werden können. Zum Abschluss des Kapitels setzen sich die Lernenden mit einer Ikone der Befreiungstheologie sowie dem Nationalhelden El Salvadors, Óscar Romero, auseinander – einer Person, deren Handeln und Worten in jeglicher Hinsicht Vorbildcharakter zuzuschreiben ist.

Kolumbien – nach dem Krieg ist vor dem Leben

Durch die Bearbeitung der Aufgaben des Steckbriefs wird den Lernenden deutlich, dass es ein Privileg ist, in Frieden und Sicherheit leben zu können, was ihnen durch das Verfassen einer Nachricht an eine Brief- bzw. Chatbekanntschaft mithilfe der Informationen des Arbeitsblattes (hoffentlich) bewusst wird. Die weiteren Materialien vertiefen diese Erkenntnis, indem der bewaffnete Konflikt zwischen der FARC und der kolumbianischen Armee, der Kolumbien jahrzehntelang zerrissen hat, genauer unter die Lupe genommen wird. Dabei geht es aber nicht um eine ereignisgeschichtliche Vermittlung von Detailwissen, sondern vielmehr darum zu erkennen, welche Belastung ein solcher Konflikt für ein Land darstellt. Dies veranschaulicht das Material am Beispiel des ehemaligen Guerilladorfes La Macarena, welches touristisch erschlossen wird, sowie des ehemaligen Guerilleros Angelmiro, der versucht, ins zivile Leben zurückzukehren. Abschließend reflektieren die Lernenden noch einmal das Erarbeitete, indem sie sich mit der Person Juan Manuel Santos auseinandersetzen und unter anderem darüber diskutieren, wie die Entscheidung zu bewerten ist, dass ihm im Jahr 2016 der Friedensnobelpreis verliehen wurde.

MISEREOR-Projekte – Wer kann wie helfen?

Am Ende jedes Kontinent-Kapitels finden Sie Materialien zu einem von **MISEREOR** unterstützten Projekt, das konkret bespendbar ist. So kann Solidarität gezeigt und ein direkter Beitrag für Frieden und Gerechtigkeit vor Ort geleistet werden.

- „Vision Jeunesse Nouvelle" aus Ruanda verwendet in der Arbeit mit jungen Menschen vielfältige Methoden. Neben Bildungsangeboten, Sport, Musik und Kunst wird auch das im Unterrichtsmaterial vorgestellte partizipative Theater genutzt. Im Sinne der Friedenspädagogik reflektieren junge Menschen ihre Rolle in den Versöhnungs- und Friedensprozessen und entwickeln eigene Konfliktlösungsvorschläge.

- Im Kontinent-Kapitel zu Asien berichten wir über die „Jiyan Foundation for Human Rights", die unter anderem traumatisierte syrische Flüchtlinge medizinisch und psychotherapeutisch behandelt und sozial unterstützt. Durch das integrative Therapiekonzept können die traumatischen Erlebnisse verarbeitet und eine Verbesserung der rechtlichen und sozialen Situation erreicht werden.

- Das Projekt „Corporación Proyectarte" in Kolumbien unterstützt junge Menschen, die als Kämpfer*innen an gewalttätigen Konflikten beteiligt waren, neue Lebensperspektiven zu entwickeln und in ein ziviles Leben zurückzukehren. Durch eine ganzheitliche Bildung und kreative Ansätze werden Kompetenzen gefördert, die im Zusammenspiel mit besonderen Kursen den beruflichen Einstieg erleichtern.

Diese authentischen Zeugnisse sollen Mut machen, dass sich gesellschaftliches Engagement lohnt und eine Verbesserung der Lebensumstände erreichbar ist. **MISEREOR** unterstützt in den ärmsten Regionen der Welt wegweisende Projekte, die nach dem Motto „Hilfe zur Selbsthilfe" funktionieren. Ausführliche Beschreibungen zu den vorgestellten Projekten finden sich im Downloadbereich auf www.misereor.de/schulwettbewerb.

Vielleicht entstehen durch die Beschäftigung mit den genannten Projekten eigene Ideen, wie wir Solidarität mit den Menschen in Afrika, Asien und Lateinamerika zeigen können. Im Sinne des Globalen Lernens geht es um Perspektivwechsel, um ein Hineindenken in andere Lebensumstände und darum, vielfältige Wege zu Frieden und Gerechtigkeit kennenzulernen.

„PAX an! Schulwettbewerb Frieden"

Damit es nicht nur bei der theoretischen Vermittlung von Wissen bleibt, haben **MISEREOR** und der Auer Verlag den Wettbewerb „PAX an! Schulwettbewerb Frieden" ins Leben gerufen.

Im Rahmen eines Projektes erarbeiten Ihre Schüler*innen gemeinsam Inhalte zu einem Thema: Durch dieses „Learning by doing" wird die Selbsttätigkeit Ihrer Schüler*innen gefördert; aktiv und eigenständig setzen sie sich mit den Inhalten auseinander. Das gemeinsame Recherchieren, Dokumentieren, Diskutieren, Gestalten und Aktivwerden hinterlässt vielfältige Eindrücke und Erlebnisse bei Ihren Schüler*innen, welche ihnen hoffentlich nachhaltig in Erinnerung bleiben und so ihren Beitrag zu Friedenspädagogik und Globalem Lernen leisten.

Am Ende steht ein Projektbeitrag, den Sie mit Ihrer Klasse bei **MISEREOR** und dem Auer Verlag einreichen

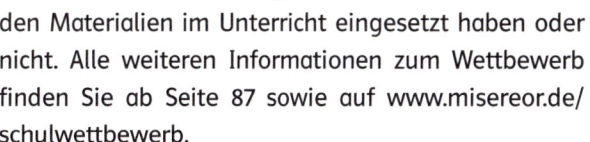

können. Attraktive Preise winken! Natürlich können Sie sich mit Ihrer Klasse, Ihrem Kurs oder auch einer kleineren Lerngruppe unabhängig davon beteiligen, ob und inwieweit Sie die vorliegenden Materialien im Unterricht eingesetzt haben oder nicht. Alle weiteren Informationen zum Wettbewerb finden Sie ab Seite 87 sowie auf www.misereor.de/schulwettbewerb.

Wir freuen uns auf engagierte, spannende und kreative Beiträge!

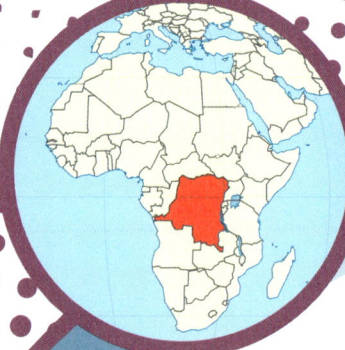

Demokratische Republik Kongo – Rohstoffe: Segen oder Fluch?

Steckbrief: Demokratische Republik Kongo

Die Demokratische Republik Kongo (DR Kongo) ist mit ca. 2,3 Millionen km² das flächenmäßig zweitgrößte Land des afrikanischen Kontinents nach Algerien. Etwa 80 Millionen Menschen leben in der Demokratischen Republik Kongo und damit liegt das Land von der Anzahl der Einwohner her auf Platz 4 in Afrika, hinter Nigeria, Äthiopien und Ägypten. Die Amtssprache ist Französisch, die Hauptstadt Kinshasa. Der
5 längste Fluss ist der namensgebende Kongo mit 4374 km.

Das Land war lange Zeit belgische Kolonie. Als es 1960 unabhängig wurde, kam es zu politischen und ethnischen Konflikten, die 1965 in die Diktatur Joseph Mobutus mündeten. Er errichtete einen Einparteienstaat, begründete einen ausgeprägten Kult um seine Person und benannte das Land in „Zaire" um. Gestützt auf die Macht seiner Soldaten, beutete er das Land immer weiter aus. Aber auch nach dem Sturz Mobutus 1997
10 und der Präsidentschaft Laurent Kabilas, der das Land wieder in „Demokratische Republik Kongo" umbenannte, gab es keinen Frieden. 2001 wurde Laurent Kabila ermordet und sein Sohn Joseph übernahm die Regierungsgeschäfte. Doch die Bürgerkriegswirren gingen unentwegt weiter. Zur Herstellung von Frieden entsandten die Vereinten Nationen die „Mission für die Stabilisierung in der Demokratischen Republik Kongo" (MONUC, seit 2010 MONUSCO) ins Land. Zwar wurde 2003 auf dem Papier Frieden geschlossen und
15 eine gemeinsame Regierung zwischen Rebellen und der Regierung vereinbart, tatsächlich aber setzten sich die jahrzehntelangen Unruhen fort, die nach Schätzungen von Menschenrechtlern bereits über vier Millionen Menschen das Leben gekostet hatten.

Die Gründe für die Unruhen und die Tatsache, dass die DR Kongo zu den ärmsten Ländern der Welt zählt, sind freilich vielschichtig. Die ehemalige Kolonie wurde von Belgien zum Beispiel nicht auf ihre Unabhän-
20 gigkeit vorbereitet. So gab es etwa kaum gut ausgebildete Fachkräfte, sodass die Bevölkerung nicht in der Lage war, diesen Vielvölkerstaat zu führen, in welchem mehr als 200 verschiedene Ethnien beheimatet sind.

Eine ganz zentrale Ursache für den nicht enden wollenden Teufelskreis aus Gewalt und Gegengewalt in der DR Kongo sind aber die großen Vorkommen an Gold, Diamanten, Kupfer, Kobalt und weiteren wertvol-
25 len Rohstoffen. Sowohl die europäischen Staaten als auch die direkten Nachbarn des zentralafrikanischen Landes haben sich in der Vergangenheit – und tun dies noch in der Gegenwart – daran bereichert und beuten das Land aus, sodass sich die Wirtschaft im Land trotz der Bodenschätze in einem miserablen Zustand befindet.

— AUFGABEN —

1 Erarbeitet aus dem Text die zentralen Inhalte über die Demokratische Republik Kongo.

2 Recherchiert weitere Informationen zur DR Kongo. Berücksichtigt dabei auch Ursachen, Verlauf und Folgen des Ersten Kongokriegs, des Zweiten Kongokriegs (sog. Afrikanischer Weltkrieg) sowie des Dritten Kongokriegs.

3 Tragt Bilder, Karten und Illustrationen zusammen, die Land, Leute und Geschichte anschaulich machen.

4 Gestaltet auf der Grundlage des Steckbriefs sowie eurer Rechercheergebnisse eine übersichtlich strukturierte Infotafel für eine Ausstellung über die Demokratische Republik Kongo an eurer Schule.

Mein Smartphone und ich

Ihr habt es täglich mehrmals in der Hand, verbringt viel Zeit mit ihm und vertraut ihm allerhand Privates an – euer Smartphone! Es lohnt sich also, sich einmal genauer mit ihm zu befassen.

AUFGABEN

1 Notiert über eine Woche hinweg möglichst genau, wie viel Zeit ihr mit eurem Smartphone verbracht habt, und tragt die Nutzungsdauer in die Tabelle ein.

	Montag	Dienstag	Mittwoch	Donnerstag	Freitag	Samstag	Sonntag
Nutzungs- dauer in Minuten							

2 Diskutiert eure Ergebnisse in der Klasse. Seid ihr überrascht oder habt ihr damit gerechnet? Könntet ihr euch ein Leben ohne Smartphone überhaupt noch vorstellen? Wenn ja, was würde an die Stelle der Beschäftigung mit dem Smartphone treten?

3 Es wurde deutlich, dass die meisten von euch viel Zeit mit ihrem Smartphone verbringen. Doch habt ihr euch eigentlich schon einmal gefragt, woraus euer alltäglicher Begleiter eigentlich besteht? Recherchiert, welche Rohstoffe für welchen Zweck zur Herstellung eines Smartphones benötigt werden und woher sie hauptsächlich kommen. Notiert eure Ergebnisse stichpunktartig in der Grafik.

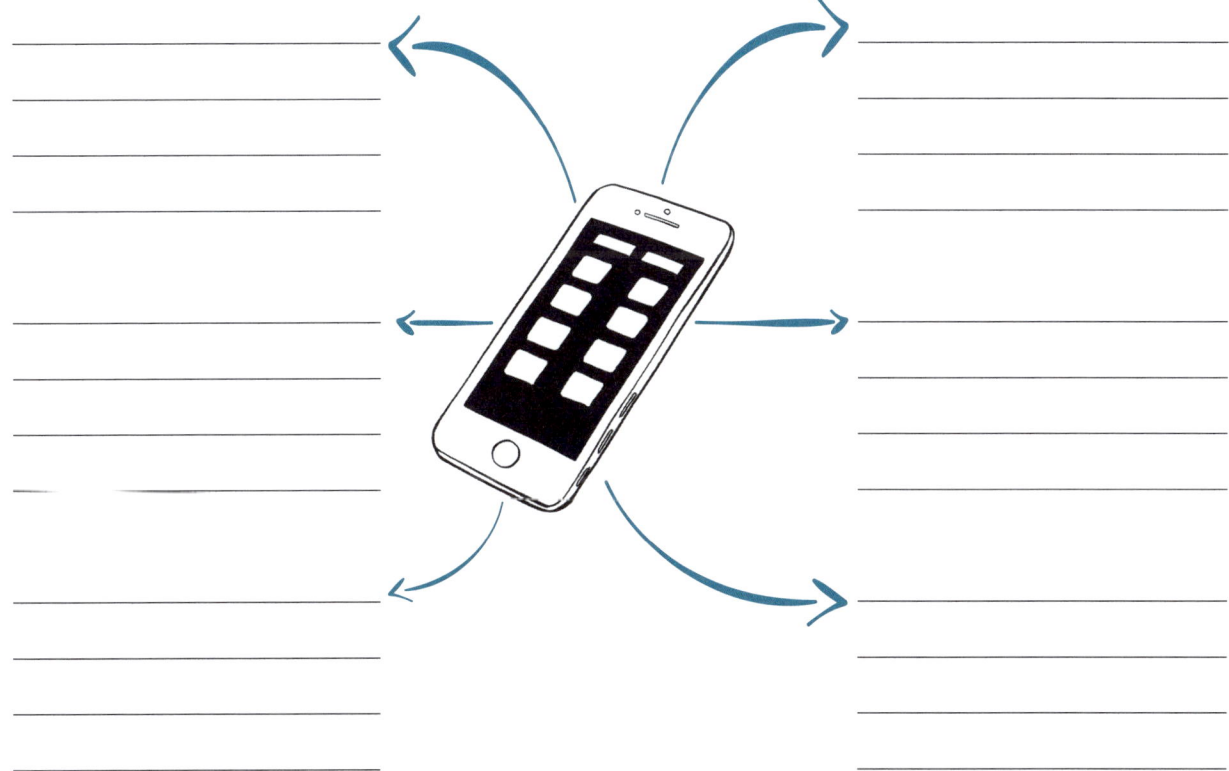

Kongo: Kinderarbeit für Smartphones?

Der 12. Juni ist der Welttag gegen Kinderarbeit. Nach UN-Angaben arbeiten rund 168 Millionen Kinder weltweit. Ein großer Teil von ihnen in Afrika. Besonders schlimm ist die Lage für viele Kinderarbeiter im Kongo.
5 „Die Arbeitsbedingungen in den Minen sind miserabel. Viele Kinder werden regelrecht physisch kaputt gemacht. Es gibt ganze Stollen, die von Hand gegraben werden. Sie graben mit bloßen Händen, mit Macheten oder mit Spaten. Und nicht selten passieren Unfälle.
10 Sie werden nach Erdrutschen regelrecht lebendig begraben." So drastisch beschreibt Faustin Adeye die Arbeitsbedingungen in den Kobaltminen im Süden des Kongo. Er vertritt das katholische Hilfswerk **MISEREOR** vor Ort.
15 Nach Angaben des UN-Kinderhilfswerks Unicef arbeiten rund 40 000 Kinder in den Minen im Süden des Kongo. Ihr Verdienst liegt bei 1 bis 2 US-Dollar am Tag. Dafür müssen sie mitunter bis zu 24 Stunden unter Tage verbringen. Manche Kinder sollen gerade mal
20 sieben Jahre alt sein. Kobalt ist einer der Rohstoffe, den Kinder nach Angaben der Menschenrechtsorganisation Amnesty International dort abbauen – oft ohne Schutzkleidung.

Welche Verantwortung haben große
25 ### Konzerne?

Der begehrte Rohstoff wird für Smartphone-Akkus gebraucht. So landet er in den Smartphones von Apple, Microsoft, Samsung und Sony. Auch in den Elektroautos von Daimler und Volkswagen ist Kobalt zu finden.
30 Doch mit Kinderarbeit wollen die Unternehmen nicht in Verbindung gebracht werden. Bereits im Dezember 2016 hatte die DW *[Anm.: DW = Deutsche Welle]* einige von ihnen um Stellungnahme gebeten.
Die Daimler AG teilte schriftlich mit, sie verlange
35 von allen Zulieferern, dass sie die geltenden internationalen Regeln und Gesetze befolgen. […]

BMW gab zwar zu, bei der Produktion bestimmter Batterien auch Kobalt aus dem Kongo zu verarbeiten. Gleichzeitig kündigte der Autobauer aus Bayern aber eine minutiöse Prüfung seiner Zulieferer an. Es müsse 40 sichergestellt werden, dass auch die Zulieferer von BWM keinerlei Menschenrechtsverletzungen duldeten.

Apple kündigte inzwischen konkrete Konsequenzen an: Im März ließ der US-Konzern verlauten, er 45 wolle den Ankauf von Kobalt, der im Kongo von Hand abgebaut werde, stoppen.

In der Demokratischen Republik Kongo befinden sich die größten Kobaltvorkommen weltweit. Amnesty International hält die Ankündigungen dagegen nur für 50 schöne Worte. Mindestens 50 Prozent des Kobalts auf dem Weltmarkt werden laut Amnesty im Kongo abgebaut. Daher sei es unmöglich auszuschließen, dass das Kobalt aus dem Kongo nicht doch über Umwege bei Unternehmen weltweit landen würde. 55

Internationaler Tag gegen Kinderarbeit

Etwa 168 Millionen Kinder müssen weltweit arbeiten gehen. Die Internationale Arbeitsorganisation (ILO) hat den Internationalen Tag gegen Kinderarbeit 2002 ins Leben gerufen, um auf ihre Lage aufmerksam zu 60 machen. Er findet jedes Jahr am 12. Juni statt.

In diesem Jahr *[2017, Anm. d. Verlags]* liegt der Fokus darauf, wie Konflikte und Katastrophen Kinderarbeit beeinflussen. Kriege und Umweltkatastrophen bedrohen die Grundrechte der Menschen. Insbeson- 65 dere Kinder sind davon betroffen: Ihnen fehlt in diesen Situationen oft der Zugang zu Bildung oder sie verlieren ihre Familie. Dadurch werden sie häufig in die Kinderarbeit hineingetrieben.

— AUFGABEN —

❶ Erarbeitet die wichtigsten Aussagen des Textes.

❷ Entwickelt mögliche Maßnahmen, mit welchen die im Text genannten großen Konzerne ihren Teil zur Bekämpfung von Kinderarbeit beitragen könnten.

❸ Überlegt euch, wie ihr als Klasse bzw. Schule am 12. Juni, dem Internationalen Tag gegen Kinderarbeit, auf das Schicksal der Kinder in der Demokratischen Republik Kongo aufmerksam machen könnt.

Magic Cobalt: Begehrtes Metall – Tendenz steigend

Kobalt wurde vor dem 2016 beginnenden Akku-Boom nur in begrenztem Maße benötigt. In den Erzadern kommt es meist nur in geringer Konzentration zusammen mit Kupfer oder Nickel vor und wurde aufgrund
5 der begrenzten Nachfrage nicht gezielt abgebaut, sondern als Nebenprodukt gewonnen. Seit 2016 steigt mit der Energiewende, Elektromobilität, Smart Cities, Digitalisierung und Industrie 4.0 der Bedarf an Kobalt insbesondere für die Produktion von Speichersyste-
10 men rasant an. Kobalt ist zum wirtschaftsstrategischen Rohstoff geworden und ist derzeit aus Lithium-Ionen-Batterien nicht wegzudenken. Neben Lithium, Nickel, Mangan und Platin steht Kobalt im Fokus von Automobilherstellern und auch der Erneuerbare Energien-
15 Branche. Regierungen und Unternehmen aus aller Welt versuchen, eine langfristige und kostengünstige Verfügbarkeit abzusichern.

Rohstoffrisiko- und Marktanalysen entwerfen unterschiedliche Szenarien, in welchem Verhältnis sich
20 Angebot und Nachfrage des begehrten Metalls in den kommenden Jahren bewegen werden. Einigkeit besteht darüber, dass sich der Gesamtbedarf an Kobalt bis 2026 mehr als verdoppeln wird. 2017 wurden weltweit ca. 110 000 t Kobalt nachgefragt, im Jahr 2026 geht
25 die DERA (= Deutsche Rohstoffagentur) von einer Nachfrage bis zu 225 000 t aus, für das Jahr 2050 wird seitens des Ökoinstituts allein für den Ausbau der Elektromobilität ein Bedarf von rund 800 000 t prognostiziert.

30 Seit sich 2016 die Tendenz einer steigenden Nachfrage abzeichnete, stieg der Kobaltpreis von 22 000 US$/t Anfang 2016 an und erreichte 2018 97 000 US$/t. Grund dafür waren erwartete temporäre Angebotsdefizite. Der Preisanstieg führte einerseits zu Investitions-
35 ankündigungen zur Erschließung neuer Vorkommen, andererseits zu der Tendenz, Kobalt in Lithium-Ionen-Batterien teilweise durch Nickel zu ersetzen. Seitdem ist der Preis wieder deutlich zurückgegangen.

Kobalt wird zu einem großen Teil in Gebieten mit hoher staatlicher Fragilität abgebaut. Fast die Hälfte
40 der weltweiten Kobaltvorräte befindet sich in der Demokratischen Republik Kongo (DR Kongo), gefolgt von Australien mit 16,5 % und Kuba mit knapp 7 %. Zusammen mit Russland stellten diese drei Länder 2017 76,8 % der globalen Bergwerksförderung von Kobalt.
45 Die DR Kongo, in der im selben Zeitraum 64 % des weltweit genutzten Kobalts gewonnen wurde, wird mit hoher Wahrscheinlichkeit auch zukünftig der größte Primärproduzent von Kobalt bleiben. Es ist davon auszugehen, dass, auch bei intensiver Substituti-
50 onsforschung und der Erschließung neuer Lagerstätten in anderen Regionen, die DR Kongo als zentraler Lieferant des begehrten Metalls unumgänglich bleibt.

© Kobalt. kritisch[3], Dezember 2018, https://oenz.de/sites/default/files/kobaltstudie_2.pdf, INKOTA-Netzwerk/Ökumenisches Netz Zentralafrika (ÖNZ)

AUFGABEN

① Tragt die Argumente zusammen, warum Kobalt ein solch begehrtes Metall ist und man davon ausgeht, dass die Nachfrage steigen wird.

② Erläutert, welche Bedeutung in diesem Zusammenhang der DR Kongo zukommt.

③ Stellt euch vor, eure Eltern spielen mit dem Gedanken, ein Elektroauto zu kaufen. Beratet sie und erwägt Vor- und Nachteile der Anschaffung eines Elektroautos.

Kleinbergbau im kongolesischen Kobaltsektor: Chancen und Risiken

Im Kleinbergbau (auch „artisanaler Bergbau" genannt: Englisch ASM – Artisanal and Small-Scale Mining) wird meistens per Hand geschürft. Die Arbeitsbedingungen im Kleinbergbau verstoßen oft gegen allgemeingül-
5 tige Menschenrechte, Umweltauswirkungen sind un-tragbar. Die KleinschürferInnen arbeiten oftmals unter prekären Bedingungen. Es fehlt an ausreichender Schutzbekleidung und Sicherheit für die ArbeiterIn-nen. Viele KleinschürferInnen begeben sich bei ihrer
10 Arbeit in den selbstgebauten Tunneln in Gefahr und setzen sich gesundheitsschädlichen Risiken aus. Laut der Weltgesundheitsorganisation (WHO) kann Ko-baltstaub langfristige Gesundheitsprobleme, insbe-sondere Atemwegserkrankungen, verursachen. Oft ar-
15 beiten auch Kinder und Jugendliche im Kleinbergbau. Sie sortieren und waschen die Mineralien aus und be-tätigen sich als TrägerInnen.

Eine der Hauptursachen für die Arbeit von Minder-jährigen in den Abbaugebieten ist die grassierende
20 wirtschaftliche Armut. Amnesty International und Afri-can Resources Watch wiesen bereits vor zwei Jahren nach, dass schon Kinder ab sieben Jahren ihr Leben und ihre Gesundheit im Kleinbergbau von Kobalt ris-kieren. Laut Amnesty International arbeiten Kinder bis
25 zu 12 Stunden täglich für einen Lohn von ein bis zwei Dollar pro Tag. Kongolesische NRO und kirchliche Ver-bände nennen weitere Probleme beim Kleinbergbau: Fehlende Ausbildung und Sensibilisierung im Umwelt-schutz für die ansässigen Kooperativen und Klein-
30 schürferInnen; stillgelegte Gruben werden nicht reha-bilitiert bzw. offene Gruben bleiben bestehen; Abholzung für die Bohrung von Abbaugruben; Ver-schmutzung der Gewässer durch Auswaschung der Mineralien; keinerlei wirtschaftliche Rechte und
35 Gleichbehandlung der KleinschürferInnen durch die ZwischenhändlerInnen und damit eine einseitige Pro-fitschleife; Gewalt durch Sicherheitskräfte und Milizen; Prostitution in den Camps nahe der Abbaugebiete. Al-lein im Zeitraum von Oktober 2014 bis Oktober 2015
40 wurden 72 Todesfälle bei eingestürzten Tunneln oder anderen Vorfällen während des Kobaltabbaus gezählt.

Im Gegensatz dazu wird im industriellen Großberg-bau (LSM – Large-Scale Mining) mit größeren Schwer-maschinen gearbeitet. Zwischen beiden Bereichen kommt es nicht selten zu Konflikten. Wenn große Un-
45 ternehmen den Rohstoffabbau auf einem Gebiet be-treiben möchten, auf dem zuvor viele Menschen im Kleinbergbau tätig waren, kommt es häufig zu Vertrei-bungen und weiteren Problemen wie zum Beispiel dem Ausbleiben einer Entschädigung für den Verlust
50 der Lebensgrundlage. Die Konflikte zwischen den KleinschürferInnen und den industriellen Bergbauun-ternehmen nehmen in Haut-Katanga und Lualaba mit der wachsenden globalen Nachfrage von Kobalt rasant zu. Es kommt immer wieder zu Streitigkeiten um Ab-
55 baurechte und fehlende Gebiete für die Kleinschürfer-Innen. Diese dringen auf Konzessionsgebiete von Bergbauunternehmen ein, um schürfen und dadurch ihr Überleben sichern zu können. Sie besitzen häufig keine Titel oder gültigen Papiere und werden von den
60 Unternehmen nur geduldet oder vertrieben. „Die arti-sanale Rohstoffgewinnung findet aktuell auf privaten Konzessionen statt, in der Folge werden die Klein-schürferInnen verjagt und wenn sie verjagt werden, sorgen sie für Tumult." Des Weiteren finden laut der
65 kongolesischen NRO CARF Verlagerungen von Abbau-gebieten der KleinschürferInnen durch Unternehmen und Sicherheitskräfte statt. Oftmals befinden sich die Zonen, in denen KleinschürferInnen arbeiten dürfen, in weniger attraktiven Gegenden. Dort haben die in Ko-
70 operativen zusammengefundenen KleinschürferInnen keine Möglichkeit eine Bergbaumine zu entwickeln.

Hinzu kommt die prekäre Sicherheitslage in und um die Minen herum. Aufgrund der lukrativen Ge-winnspanne zieht der Abbau und Handel von Kobalt
75 viele Akteure an. Neben den KleinschürferInnen und großen Bergbauunternehmen sind es auch Angehö-

rige des Geheimdienstes, der Präsidialgarde, der nationalen Armee FARDC und verschiedener Milizen. Dies
80 führt zu wachsenden Unsicherheiten sowohl für die KleinschürferInnen als auch für die lokale Bevölkerung.

Dabei birgt der Kleinbergbau laut den kongolesischen NRO CARF und Afrewatch Potential, vor allem im Einkommen schaffenden Sektor. Es ist der Kleinberg-
85 bau, der im gesamten Land aufgrund direkter und indirekter Aktivitäten im und um den Abbau von mineralischen Rohstoffen um die 20 Millionen Menschen versorgt. In der ehemaligen Katanga-Provinz soll der Abbau von Kobalt und Kupfer für rund 10 Millionen
90 Menschen Einkommen generieren. Im Vergleich dazu beschäftigen die über 100 im Bergbau tätigen Unternehmen in derselben Region unter einer Millionen Menschen.

Teils in Kooperativen organisiert, teils außerhalb,
95 arbeiten die KleinschürferInnen zum größten Teil im informellen Sektor. Das bedeutet, dass sie kaum Zu-

gang zur Justiz haben und keine kollektiven Arbeitnehmervertretungen und Rechte in Anspruch nehmen können. Sie besitzen kaum Möglichkeiten, Geld anzulegen oder zu sparen sowie bei Verhandlungen um 100 Verteilung von Gewinnen und Anteilen am Verkauf von mineralischen Rohstoffen ihre Interessen zu vertreten. Angesichts des anwachsenden Konflikts zwischen industriellen Bergbauunternehmen und expandierendem Kleinbergbau in den Kobaltabbaugebieten haben 105 sie kaum Möglichkeiten, in einen gleichberechtigten Dialog um die Frage von Landzugang und Preisdiktat zu treten.

Hinzu kommt ein Umfeld, in dem Milizen Schutzgelder und private Steuern erpressen. Aufgrund feh- 110 lender rechtsstaatlicher Strukturen fehlen den Menschen Instrumente und Sicherheit, um ihre Rechte gegenüber Bergbauunternehmen oder anderen Akteuren einzufordern. [...]

© Kobalt. kritisch³, Dezember 2018, https://oenz.de/sites/default/files/
kobaltstudie_2.pdf, INKOTA-Netzwerk/Ökumenisches Netz Zentralafrika (ÖNZ)

___ AUFGABEN _____

❶ Erstellt eine stichpunktartige Übersicht, in welcher ihr Chancen und Risiken für die Schürfer*innen im Kleinbergbau gegenüberstellt.

❷ Nehmt in einem Artikel für die Schülerzeitung auf der Basis des Textes zum Thema „Rohstoffe: Segen oder Fluch?" Stellung und entwickelt dabei auch möglichst tragfähige Lösungsansätze für zwei im Text aufgezeigte Probleme.

AFRIKA

Audry Bialura – Kleinschürfer in der Coltanmine Fungamwaka

Neben Kobalt wird zur Herstellung von Smartphones auch Coltan benötigt. Dieses wird insbesondere im Osten Kongos in großen Minen, z. B. in Fungamwaka, abgebaut.

AUFGABEN

1 Informiert euch auf der Homepage von **MISEREOR** (Link unter: https://www.misereor.de/informieren/rohstoffe/coltan/), unter welchen Bedingungen Coltan gefördert wird und wie der Rohstoffabbau mit den bewaffneten Konflikten im Kongo zusammenhängt. Notiert eure Ergebnisse stichpunktartig.

2 Seht euch das Video „Kongo: Kampf um Coltan" auf der Homepage an und erstellt einen kurzen Steckbrief zu Leben und Person des Kleinschürfers Audry Bialura. Macht darin auch deutlich, warum er sich verschuldet hat, obwohl er täglich in der Coltanmine schuftet.

Name:

ursprünglicher Beruf:

Ursache für seine Tätigkeit als Kleinschürfer in Fungamwaka:

Wohnverhältnisse:

finanzielle Situation und Gründe für seine Verschuldung:

Arbeitsbedingungen und Vorgehensweise beim Coltanabbau in Fungamwaka:

Sudan und Südsudan –
der Staat und ich, ich und der Staat

Steckbrief: Sudan und Südsudan

Die ca. 1,85 Millionen km² große **Republik Sudan** mit ihrer etwa 8 Millionen Einwohner*innen zählenden Hauptstadt Khartum gehört geografisch sowohl zu Nordafrika als auch zu Ost- und Zentralafrika. Nachbarn sind Ägypten, Eritrea, Äthiopien, Südsudan, die Zentralafrikanische Republik, Tschad und Libyen. Das Land hat insgesamt etwa 42 Millionen Bewohner*innen, die sich aus den verschiedensten Arabisch sprechenden
5 Stämmen mit überwiegend muslimischer (Staats-)religion zusammensetzen. Der Staat ist formal eine föderal strukturierte Republik, de facto wird er allerdings zentralistisch regiert: Das Staatsoberhaupt Omar Hassan Ahmad al-Baschir regierte seit seinem Militärputsch 1989 bis 2019. Durch ein Referendum spaltete sich 2011 der Südsudan ab. Vor der Abspaltung waren 36 % der Bevölkerung arabischer Abstammung, 12 % gehörten zum Stamm der Dinka, die v. a. im jetzigen Südsudan leben, 6 % sind Nuer, 5 % Azande und dazu
10 kommen weitere Stämme. Insgesamt waren 52 % vor der Teilung Schwarzafrikaner.

Historisch gesehen lieferte die Region Nubien Gold und Sklaven an Ägypten und wurde im 19. Jahrhundert v. Chr. Ägypten zugeschlagen. Im 6. Jahrhundert n. Chr. erfolgte eine insgesamt gesehen sehr frühe Christianisierung der Region. Zwischen dem 14. und 16. Jahrhundert fand eine Islamisierung statt. Gegen die Besetzung durch die osmanischen Vizekönige von Ägypten erfolgte im 19. Jahrhundert der erfolgreiche sogenannte
15 Mahdi-Aufstand, benannt nach dem islamisch-politischen Anführer Muhammad Ahmad, der sich zum Mahdi und somit zu einem Nachkommen des Propheten Mohammed erklärt hatte. Nach kurzer Unabhängigkeit wurde das Land bis 1953 dann Teil des „British Empire", um dann 1956 die endgültige Souveränität als Republik Sudan zu erlangen. Verschiedene Militärputsche, immer wieder aufflackernde Unruhen im Südteil und beständige Konflikte um die Region Darfur lassen den Sudan nicht zur Ruhe kommen. 2019 wurde das auto-
20 ritäre Staatsoberhaupt Omar Hasan Ahmad al-Baschir durch einen Militärputsch abgesetzt. Die Militärs und oppositionelle Gruppen einigten sich auf eine temporäre Machtteilung in einem Übergangsparlament. Zusätzlich wurde ein Souveränitätsrat geschaffen. Für 2022 werden freie Wahlen versprochen.

Auch die Abspaltung der gut 600 000 km² großen **Republik Südsudan** mit ihrer 500 000 Einwohner zählenden Hauptstadt Dschuba sorgt seit der Unabhängigkeit 2011 für Konflikte. Die Bevölkerung des Südsudan zählt
25 etwa 12 Millionen Menschen und ist mit ca. 77 % bei einer hohen Konvertitenzahl überwiegend christlich. Seit 2013 hat der Bürgerkrieg in der dezentralisierten, aus 32 Gliedstaaten bestehenden Republik viele Tote und über 2 Millionen Flüchtlinge bedingt. Neben allgemeinen politischen Missständen führen Analphabetentum, Unterernährung und die höchste Blindenrate der Welt zu großen inneren Problemen des Südsudans.

Sowohl der **Sudan** als auch der **Südsudan** werden zu den sogenannten „failed states" oder fragilen Staaten
30 bzw. den vom Staatszerfall bedrohten Ländern gezählt.

AUFGABEN

❶ Wählt jeweils fünf euch wichtig erscheinende Fakten zum Sudan und fünf weitere zum Südsudan aus. Erklärt eurem Banknachbarn, warum ihr genau diese ausgewählt habt.

❷ Unterhaltet euch zu zweit darüber, wie ihr euch das Leben in einem fragilen bzw. vom Staatszerfall bedrohten Land vorstellt. Haltet den Eindruck, den ihr nach eurem Gespräch habt, in wenigen Sätzen fest: *In einem zerfallenden Staat zu leben, bedeutet …*

Wie begegnet mir der Staat?

	morgens	mittags	nachmittags	abends
Montag	kostenlose bzw. subventionierte Schulbusbeförderung			
Dienstag				
Mittwoch				
Donnerstag				
Freitag				
Samstag				Theaterbesuch mit Schülereintrittskarte
Sonntag				

AUFGABEN

1 Sammelt eine Woche lang Beispiele dafür, was ihr mit dem „Staat" zu tun habt. Tragt eure Ergebnisse in diese Tabelle ein. (Tragt sich regelmäßig wiederholende „Staatskontakte" nur 1× ein).

2 Beschreibt eure Tabelle. Erklärt, welche Schwierigkeiten ihr beim Ausfüllen hattet.

3 Welche Funktion(en) hat der „Staat" für euch? Formuliert dies möglichst knapp und auf den Punkt gebracht.

4 Stellt euch vor, wir würden hier in Deutschland ohne funktionierenden Staat leben. Legt in einem kleinen Essay dar, wie das Leben in der Woche mit Blick auf eure Tabelle dann wohl aussähe.

Fragile Staaten: Kein Ort zum Leben

In vielen Staaten der Welt ist ein Kreislauf aus Armut, Unterdrückung und Gewalt zu beobachten, der nur schwer zu durchbrechen ist. Früher nannten Experten diese Länder „Failed States", also gescheiterte Staaten.
5 Heute benutzen sie vorwiegend den Begriff „Fragile State", schwache, zerbrechliche Staaten. Geprägt hat ihn die NGO „Fund for Peace". Seit 2005 misst sie die „Gesundheit" der Länder anhand eines Kriterienkatalogs: Bevölkerungsentwicklung, Sicherheitslage, Men-
10 schenrechte, Wirtschaft, öffentliche Dienste und mehr.

Fragile States Index zeigt Gefahren für Staaten auf

Insgesamt werden zwölf Indikatoren aus den Bereichen Politik, Militär, Wirtschaft und Soziales für den
15 Fragile States Index analysiert und ausgewertet. Das Ergebnis lässt Rückschlüsse darauf zu, ob ein Staat in Gefahr ist zu scheitern. Die Fragestellungen lauten unter anderem: Kann der Staat die Sicherheit seiner Bürger gewährleisten? Hat er die Kontrolle über sein
20 Territorium? Wird er seinen öffentlichen Aufgaben gerecht? Gibt es rechtsstaatliche Strukturen sowie Partizipationsmöglichkeiten oder herrschen Korruption und Vetternwirtschaft vor? Das Ergebnis der Analyse zeigt sich in der jährlich erhobenen Rangliste, dem
25 Fragile States Index.

Afrikanische Staaten sind besonders schwach

An der Spitze des Index stehen im Jahr 2016 vier afrikanische Staaten: Somalia, Südsudan, Zentralafrika und
30 Sudan. Bei Einbeziehung von Tschad und Kongo befinden sich sechs der zehn fragilsten Staaten der Welt in Afrika. Trotz jahrelanger Unterstützung, Hilfs- und Friedensmissionen der Vereinten Nationen sowie umfassenden Finanzhilfen hat sich die Lage bei vier von
35 ihnen gegenüber dem Vorjahr sogar noch verschlechtert.

Krisentreiber Armut, Korruption und Gewalt

Bei der Suche nach den Ursachen hierfür stechen insbesondere Bürgerkriege als ein wesentlicher Treiber 40 für den Zerfall staatlicher Strukturen heraus. In manchen Staaten und Regionen toben innerstaatliche Konflikte bereits seit Jahrzehnten. In Somalia bekriegen sich unterschiedliche Parteien bereits seit 1988. Auch der konfliktgeschüttelte Sudan kommt seit Jah- 45 ren nicht zur Ruhe. Auch Armut und Korruption gefährden die Stabilität afrikanischer Staaten in entscheidendem Maße, ebenso wie das postkoloniale Erbe: Die willkürlichen Grenzziehungen der Kolonialmächte, die auch nach der Unabhängigkeit der ehemaligen Kolo- 50 nien weiterbestehen, trennen zusammengehörige Ethnien. Umgekehrt zwingen sie gleichzeitig rivalisierende Volksgruppen in einen Staat. Im Sudan führte dies schnurstracks in den Bürgerkrieg zwischen dem muslimischen Norden und dem christlich-animisti- 55 schen Süden. Nach der Unabhängigkeit des Südsudan brachen dort Gewalt und Verteilungskämpfe zwischen den Volksgruppen aus. Währenddessen bleibt der Darfur-Konflikt im Sudan weiter ungelöst. Auch in vielen weiteren Brennpunkten Afrikas ist ein Ausweg aus 60 der Gewaltspirale nicht in Sicht.

© https://www.bmvg.de/de/themen/dossiers/engagement-in-afrika/
herausforderungen/instabilitaet/failed-states

AUFGABEN

❶ Formuliert ausgehend vom Text nach der Methode Anti-Handbuch zehn „Anti-Tipps für Staatspräsidenten": Was muss man tun, um seinen Staat garantiert kaputt zu bekommen?

❷ Nehmt einmal an, die Bundesrepublik Deutschland wäre aktuell vom Staatszerfall bedroht. Erklärt Gegenmaßnahmen, die ihr ergreifen würdet, um die Demokratie zu stabilisieren.

Sieben Jahre Unabhängigkeit: Die Südsudanesen haben keinen Grund zum Feiern

Die für Öffentlichkeitsarbeit zuständige **MISEREOR**-Mitarbeiterin Dr. Nina Brodbeck stellt im **MISEREOR**-Blog Fragen an Uwe Bergmeier, dem **MISEREOR**-Verbindungsstellenleiter für den Südsudan. (Beitrag erschie-
5 nen im Juli 2018)

[Nina Brodbeck:] […] Ist es unter d[en aktuell] schwierigen Umständen überhaupt denkbar, dass im Südsudan dieses Jahr tatsächlich wie geplant Wahlen stattfinden werden? Welche Voraussetzungen müss-
10 ten dafür geschaffen werden?

Uwe Bergmeier: Es ist nicht davon auszugehen, dass es in diesem und sicher auch noch nicht im nächsten Jahr zu Parlaments- und Präsidenten- und Lokalwahlen im Südsudan kommen wird. Das größte
15 Problem ist die Finanzierung einer solchen Wahl. Die Regierung hat mehrfach das Argument des Geldmangels gegenüber der Öffentlichkeit benutzt, um die Verschiebung auf unbestimmte Zeit zu rechtfertigen. Geld für eine Wahl kann derzeit nur von der internationalen
20 Gebergemeinschaft zur Verfügung gestellt werden, die sich jedoch bisher klar davon distanziert hat. Man werde nicht in eine Wahl investieren, wenn von Seiten der Regierung keine Reformschritte unternommen werden, wie etwa den Bürgerkrieg zu beenden, eine
25 Reform des Staatsystems einzuleiten oder die Rückkehr von Flüchtlingen zu ermöglichen. Dazu kommt, dass die Kiir-Regierung in Juba wegen des anhaltenden Bürgerkrieges keine Kontrolle über weite Teile des Landes hat, somit eine Wahldurchführung in den von
30 ,Rebellen' kontrollierten Gebieten unmöglich ist.

Der derzeit laufende Friedensprozess hat während der letzten Zusammenkunft in Khartum einen ungefähren Zeitplan von 36 Monaten als Vorbereitungszeit für Wahlen aufgestellt. Ein Zeitrahmen, der nicht so
35 unrealistisch ist, wenn man die diversen Problemlagen des Landes bewertet und den minimalen Reformfortschritten gegenüberstellt, die bisher angegangen werden. Eine neue Machtteilung im Sinne eines verhandelten sogenannten „Political Settlement" wäre
40 der dringlichere Fortschritt. Aber selbst dafür gibt es bisher kein konsensfähiges Format. […]

[Nina Brodbeck:] Das Land ist aufgrund des Bürgerkrieges und von anhaltender Dürre von Hunger betroffen. Wie sieht die Situation im Südsudan konkret aus und wo gibt es die größten Probleme? 45

Uwe Bergmeier: Um die Probleme im Land wirksam anzugehen, muss die politische Destabilisierung, die durch Angriffe bewaffneter Milizen und Gegenschläge der Regierungstruppen erfolgt, beendet werden. Die dadurch ausgelöste Flucht von über einem Drittel der 50 Bevölkerung ist eine Auswirkung davon, nicht die Ursache. Ohne tiefgreifende politische Reformen und Verhandlungslösungen, etwa zur Entwaffnung der Milizen und Oppositionsgruppen wird eine Rückkehr von Flüchtlingen nicht gelingen. Entscheidend wird die 55 nächste Phase der Verhandlungen ab dem 10. Juli 2018 in Nairobi sein. Wenn es dann nicht gelingt, zumindest einige der großen staatlichen Reformmaßnahmen, eine neue Machtaufteilung und notwendige Sicherheit für die Bevölkerung zu gewährleisten, ist das sich be- 60 reits abzeichnende Scheitern der Vereinbarungen von Khartum nicht abzuwenden. Die Regenzeit steht an und wird das Thema Dürre zunächst etwas entschärfen. Weil viele Bauern geflüchtet sind und nicht ausgesät wurde, wird jedoch mittelfristig eine Nahrungsmit- 65 telversorgung nicht möglich sein. Zu viele Felder bleiben unbestellt. Hungerkatastrophen in den Staaten, vor allem in Jonglei, Unity sind prognostiziert oder bereits bittere Realität. Die Probleme im Südsudan sind keine Naturkatastrophe, sondern die Folge 70 schlechter Regierungsführung eines multi-ethnischen Staates, der von regionalen wie globalen Interessen ignoriert oder falsch unterstützt wurde.

Südsudan – Schulen für eine friedliche Zukunft

© Uwe Bergmaier / MISEREOR

Im Südsudan unterstützt **MISEREOR** den Aufbau von Schulen sowie die Ausbildung von Lehrern und Friedenserziehung. [...]

Obwohl der Südsudan nach Jahrzehnten des Krie-
5 ges seit 2011 endlich ein unabhängiger Staat ist, kommt das Land nicht zur Ruhe. Politische Machtkämpfe um Rohstoffe und alte Stammesrivalitäten prägen die aktuelle Lage im Land. Der Bürgerkrieg hat Generationen von Analphabeten hinterlassen.
10 **MISEREOR** hilft der Diözese Rumbek, die Grundschulen und Sekundarschulen betreibt und ausweitet. Dies ist eine entscheidende Investition in die Zukunft des Staates.

Inzwischen gibt es in der Region Rumbek bereits
15 zehn Grundschulen mit Unterricht bis zur 8. Klasse und drei Sekundarschulen, in denen insgesamt mehr als 12 000 Jungen und Mädchen unterrichtet werden. Friedenserziehung gehört dazu, um deutlich zu machen, dass Konflikte ohne Gewalt gelöst werden müssen.

Lesen, Schreiben, Rechnen und Frieden lernen   20

Schulbildung ermöglicht aber später eine Ausbildung. Besonders Handwerker sind gefragt, die die vielen zerstörten Häuser wieder aufbauen.

Alphabetisierung auch für Erwachsene   25

Erwachsene wollen jetzt auch Bildung. Für sie wird in den Schulen nachmittags Unterricht angeboten. Mit ihrem neuen Wissen können sie den Wiederaufbau des Südsudan besser unterstützen.

Einem jungen Land zum Frieden verhelfen   30

Dem jungen Staat fehlen die Mittel für Schulgebäude, Unterrichtsmaterial und Lehrer. Der Südsudan braucht jetzt aber gut ausgebildete junge Menschen.
Helfen Sie bitte mit Ihrer Spende den Menschen im Südsudan auf dem Weg in eine friedliche Zukunft.   35

© https://www.misereor.de/spenden/spendenprojekte/suedsudan-schulen-fuer-den-frieden

---

AUFGABEN

1 Erarbeitet die wichtigsten Inhalte des Interviews mit dem Verbindungsstellenleiter für den Südsudan Uwe Bergmeier.

2 Erläutert, inwiefern der Spendenaufruf zum Aufbau von Schulen im Südsudan eine Perspektive für das Land aufzeigt.

3 Übertragt den Slogan „**Lesen, Schreiben, Rechnen und Frieden lernen**" auf euer eigenes Leben und überlegt, wie Schule bei uns dieses Konzept verfolgen könnte.

Alek Wek

Nicht nur, weil sie als dunkelhäutige Südsuda-
nesin einen Exotenstatus hat, sondern auch
wegen ihrer Hautkrankheit Schuppenflechte,
ist es nicht selbstverständlich, dass Alek Wek,
5 die am 16. April 1977 in Wau geboren wurde,
ein erfolgreiches internationales Fotomodell
geworden ist.

Das Mädchen Alek aus dem südsudanesi-
schen Volk der Dinka wurde 1977 als siebtes
10 von neun Kindern in Wau geboren. Sie lebte
in einem Haus mit zwei Schlafzimmern ohne
Versorgung mit fließendem Wasser und elekt-
rischem Strom. Beim Wiederaufflammen des
Bürgerkriegs im Jahr 1983 floh ihre Familie
15 über Khartum nach London. Sie studierte
dann am renommierten „London College of
Fashion".

In den 1990er-Jahren zierten noch nicht viele
dunkelhäutige Modelle die Titelseiten großer Mode-
20 zeitschriften, sodass ihr Auftritt für Elle (1997) und verschiedene Anzeigenkampagnen durchaus eine Sensa-
tion waren. Zwei Jahre zuvor hatte sie bereits Aufsehen
erregt durch ihre Mitwirkung am Musik-Video für
„Goldeneye" von Tina Turner. Bereits 1997 erhielt sie
25 drei Auszeichnungen als Model: „Best New Model"
vom Venus de la Mode Fashion Award, MTV's „Model
of the Year" und „Model of the Decade" von der Zeitschrift i-D. Sie war im Pirellikalender vertreten und
drehte verschiedene Werbeclips großer Marken. 2003
30 übersiedelte sie nach New York und erweiterte ihr Re-
pertoire durch das Designen von Taschen. Ihre bekannteste Kollektion Wek1933 ist ihrem an den Spätfolgen
der Flucht verstorbenen Vater durch die Nennung dessen Geburtsjahres 1933 gewidmet. Alek Wek engagiert
sich sehr im sozialen Bereich, ist Mitglied im Gremium 35
des US-Komitees für Flüchtlinge und 2007 erschien das
Buch, das sie international auch jenseits von Mode-
kreisen bekannt machte. Unter dem Titel „Nomaden-
kind" (englische Originalausgabe: „Alek – From Suda-
nese Refugee to International Supermodel") beschreibt 40
sie ihre Flucht aus dem Sudan, ihre Kindheit in London
und den Beginn ihrer internationalen Karriere. Ihr Le-
benspartner ist der italienische Bauunternehmer Ric-
cardo Sala.

AUFGABEN

1 Man könnte kritisieren, dass mit Alek Wek ausge-
rechnet eine Geflüchtete berühmtes Vorbild für
viele Heimische geworden ist. Diskutiert diesen
Umstand.

2 Erläutert, auf welche Art ein*e Prominente*r wie
z. B. Alek Wek helfen könnte, die Verhältnisse in
seinem*ihrem Herkunftsland zu verbessern.

Ruanda – Nachbar, Freund, Todfeind

Steckbrief: Ruanda

Die Republik Ruanda liegt in Ostafrika, knapp unterhalb des Äquators zwischen Tansania, Burundi, der Demokratischen Republik Kongo und Uganda. Sie hat keinen Zugang zur Küste und ist mit gut 26 000 km² etwas kleiner als das deutsche Bundesland Brandenburg. Das Land ist relativ dicht besiedelt mit knapp 13 Millionen Einwohnern, davon 1,2 Millionen in der Hauptstadt Kigali. Die Bevölkerung setzt sich zusam-
5 men aus ca. 84 % Hutu, 16 % Tutsi und 0,3 % Twa. Da die Sprache und Kultur der Hutu und Tutsi im Grunde gleich sind, und infolge der Aufarbeitung des Genozids, hat man diese Unterteilung offiziell aufgegeben. Ruanda hat vier amtliche Landessprachen: Kinyarwanda, Englisch, Französisch und Swahili. Das Land ist christlich geprägt: 44 % Katholiken, 38 % Protestanten und 12 % Adventisten stehen 3 % Muslimen gegenüber.

10 Die Präsidialrepublik Ruanda wurde 1962 unabhängig. Seit 2000 amtiert Präsident Paul Kagame. Abgeordnetenhaus und Senat bilden das zum Teil direkt, zum Teil indirekt gewählte Zwei-Kammer-Parlament. Ruanda wird zumeist als autoritär regiert bezeichnet, die Einschätzungen reichen von autoritärer Entwicklungsdemokratie bis hin zur Erziehungs- und Entwicklungsdiktatur.

Von 1884 bis 1916 stand Ruanda als Teil der Kolonie Deutsch-Ostafrika unter deutscher Verwaltung. Der an-
15 dere Teil von Deutsch-Ostafrika ist der heutige Staat Tansania. 1919 folgte ein belgisches Völkerbundmandat, von 1945 bis zur Unabhängigkeit 1962 hatte das Land den Status als UN-Treuhandgebiet. Traurige Berühmtheit erlangte Ruanda durch den Völkermord der Hutu an den Tutsi und gemäßigten Hutu im Jahr 1994, dem schwere Vorwürfe an die internationale Gemeinschaft folgten: Die Vereinten Nationen, die USA, Großbritannien und Belgien wurden ebenso wie die im Lande stationierten UN-Friedenstruppen wegen
20 ihres lange ausbleibenden humanitären Einschreitens schwer angegriffen. Frankreich war im Fokus, da der Vorwurf im Raum stand, das Land hätte sich an den Verbrechen sogar beteiligt.

Dieser Bürgerkrieg, die hohe Bevölkerungsdichte und grundsätzliche strukturelle Probleme machen Ruanda zu einem der ärmsten Länder der Erde. Zugleich ist Ruanda ein Akteur in den Rohstoffkonflikten im Nachbarland Demokratische Republik Kongo. Neben diesen Einmischungen wirft man der Regierung
25 Kagames auch vor, die Menschenrechte zu missachten. Wirtschaftlich geht es seit den 2000er-Jahren deutlich bergauf. So investierte etwa VW rund 20 Millionen US-Dollar im Land. Hinsichtlich der Gleichstellung von Männern und Frauen oder im Bereich Umweltschutz mit dem 2008 erlassenen Verbot von Plastiktüten hat Ruanda einen Vorbildstatus für Afrika.

___ AUFGABEN _____

1 Befragt eure Geschwister, Eltern oder Nachbarn, was sie von Ruanda wissen. Diskutiert das Ergebnis dieser kleinen Umfrage und gleicht es später mit dem ab, was ihr hier über Ruanda erfahrt.

2 Stellt euch vor, ihr wärt ein Bewohner Ruandas. Erklärt, wie ihr es fändet, wenn eure Heimat immer und automatisch mit einem so schrecklichen Ereignis wie dem Völkermord von 1994 verbunden würde.

Vorurteile gegenüber Minderheiten

— **AUFGABEN** —

❶ Analysiert und interpretiert die Karikatur.

❷ Teilt euch in Gruppen auf und arbeitet nach der **Methode Chatroom**. Dazu schreibt jede*r seine persönliche Meinung zum Thema „Vorurteile gegenüber Minderheiten" auf ein Blatt Papier. Anschließend reicht ihr dieses an die anderen Mitglieder eurer Gruppe weiter. Diese kommentieren die Äußerungen und reichen das Blatt dann ebenfalls weiter. Auf diese Art wandert das Blatt innerhalb der Gruppe mehrfach umher und es entsteht ein Gesamtmeinungsbild der Gruppe zum Thema „Vorurteile gegenüber Minderheiten".

❸ Sicher habt ihr euch selbst schon oft dabei ertappt, dass ihr aufgrund des Äußeren oder einzelner Eigenschaften mancher Menschen Vorurteile gehabt habt. Formuliert für euch vier weitere Regeln, die verhindern sollen, dass ihr euch von Vorurteilen leiten lasst.

    1. Ich will mir kein Urteil über jemanden erlauben, bevor ich ihn*sie kenne.

2. Ich will _____

    _____

3. _____

    _____

4. _____

    _____

5. _____

    _____

❹ „Im öffentlichen politischen Diskurs spielt die Abgrenzung gegenüber Minderheiten eine immer größere Rolle." Diskutiert diese Behauptung. Erwägt dabei mögliche Gründe für diese Entwicklung und formuliert persönliche Konsequenzen.

❺ Mobbing entsteht häufig durch Vorurteile. Bildet Gruppen und diskutiert Mobbingerfahrungen, die ihr erlebt habt. Erarbeitet Handlungsschritte, was man gegen Mobbing tun kann.

Ruanda. Lichtblick mit Schatten

Ihr Ehemann ist tot, er wurde ermordet. Er war einer der 800 000 Menschen in Ruanda, die Kämpfer der Volksgruppe Hutu vor 24 Jahren innerhalb weniger Wochen auslöschten. Jeanette Mukabyagaju kennt
5 den Mann, der ihn tötete. Er heißt Mathias, sie begegnet ihm jeden Tag, denn er wohnt nebenan. Mathias passt jetzt ab und zu auf ihre Kinder auf. Es mag unglaublich klingen, doch Jeanette Mukabyagaju sagt, sie habe Mathias vergeben. Sie erzählt oft davon, mit-
10 unter mehrmals täglich. So oft kommen Touristen zu Besuch, um sich Geschichten wie diese anzuhören. Mukabyagaju kocht dann Bohnen und Kartoffeln für die Besucher und lässt sie in ihrem Wohnzimmer sitzen, wo ihr Ehemann aus einem vergilbten Foto und
15 Jesus aus einer Zeichnung herabschauen. Mukabyagaju wohnt in einem „Versöhnungsdorf". Der Ort liegt etwa eine Stunde von Ruandas Hauptstadt Kigali entfernt und ist eine der neuen Attraktionen des Landes. Reiseunternehmen wie Wildlife Tours oder Africa Ad-
20 venture Safaris bieten neben Gorillas und Vogelkunde jetzt auch Tagesausflüge voller Schauergeschichten und Tränen an. „Werde ein Psychotherapeut und hilf jemandem, seinen post-traumatischen Stress zu bewältigen", wirbt ein Safarianbieter auf seiner Webseite.
25 Die Besucher erwarte im Versöhnungsdorf außerdem traditionelles Tanzen, Trommeln und Korbflechten. Die Organisation Prison Fellowship, die mehrere dieser Dörfer in Ruanda aufgebaut hat, wird von der ruandischen Regierung und Spendern aus Deutschland, den
30 Niederlanden und den USA finanziert. Ihre Mitarbeiter organisieren mittlerweile das Tanztraining für die Kinder, die sich mit Lendenschurz und Blätterkranz im Haar den Touristen präsentieren sollen. Ruanda, so lautet die Botschaft an die Welt, ist ein Land der Ein-
35 heit und der Hoffnung. Präsident Paul Kagame lässt diese frohe Kunde nicht nur hier unter Touristengruppen verbreiten. Das Eigenlob gehört in Ruanda zum Regierungsprogramm. Das kleine Land in Ostafrika hat seit dem Genozid 1994 einen wirtschaftlichen Auf-
40 schwung erlebt. Die Straßen Kigalis sind blitzsauber, der Präsident hat Plastiktüten verboten und jeden Bürger verpflichtet, einmal im Monat sein Viertel aufzuräumen. Im Parlament sitzen mehr Frauen als sonst irgendwo auf der Welt, der Präsident hat Frauenförde-
45 rung auf seine Agenda gesetzt. Genauso wie er seinen Bürgern nach dem Genozid schlicht verboten hat, ihre

Hauptstadt Kigali

Ethnie zu erkennen zu geben. Statt Hutu und Tutsi darf es heute nur noch Ruander geben, der Konflikt gilt als befriedet. Für Bundesentwicklungsminister Gerd Müller (CSU), der am Donnerstag zu einer Reise durch sie-
50 ben afrikanische Länder aufbricht, ist Ruanda auch wegen solcher Entwicklungen einer der „Top-Staaten" auf dem sonst so schwierigen Kontinent. „Ein Erfolgsmodell", wie er sagt. Müller hat sich nun vorgenommen, seine Afrika-Politik stärker auf die Förderung der
55 Privatwirtschaft auszurichten. Er will deutsche Unternehmen zu Investitionen „in reformorientierten afrikanischen Ländern" ermutigen. Ruanda ist hier aus deutscher Sicht vorbildlich, unter Staatschef Kagame gilt das Land als sicher und stabil. Ein Grund dafür ist
60 sein harter Führungsstil. „Die ruandische Regierung stellt vielen Menschen, die ausreisen wollen, keinen Reisepass aus", sagt der Hamburger Völkerrechtler Gerd Hankel, der in den vergangenen Jahren zu dem Staat geforscht hat. Kagame befürchte „eine Abstim-
65 mung mit den Füßen". Im vergangenen Jahr war der Staatschef mit knapp 99 Prozent der Stimmen zum dritten Mal wiedergewählt worden. Menschenrechtsorganisationen kritisieren die mangelnde Pressefreiheit im Land, auch eine nennenswerte Opposition gibt
70 es nicht. Wer Kagame offen kritisiere, sagt Hankel, müsse damit rechnen, von der Polizei festgenommen und geschlagen zu werden oder staatliche Leistungen zu verlieren. Der Geheimdienst kontrolliere die Menschen bis in ihr Privatleben hinein, und auch die Arbeit
75 ausländischer Entwicklungshelfer stehe unter Beobachtung. Minister Müller weiß um die schwierige Menschenrechtslage in Ruanda – und lässt sich die Zusammenarbeit doch nicht nehmen. Man werte es als „wichtigen Schritt zur weiteren Demokratisierung",
80 dass die Wahlen trotz aller Kritik am Ergebnis friedlich

verlaufen seien, heißt es aus seinem Haus. Außerdem habe sich Kagame zur Rechtsstaatlichkeit bekannt – jedenfalls mit Blick auf die nächsten 45 Jahre. Heute
85 allerdings bringt Kagames strenges Regiment wirtschaftliche Stabilität, und die ist für Müllers Anliegen sehr willkommen. Bereits im Frühling hatte er etwa gemeinsam mit den deutschen Firmen Siemens, Volkswagen, SAP und Inros Lackner das Projekt „Moving
90 Rwanda" gestartet. Gefördert von der Bundesregierung sollen die Firmen ruandische Automechaniker und Software-Entwickler ausbilden. Bisher ist die Volkswagen-Produktion in Kigali noch nicht angelaufen. In einer Halle am Stadtrand steht ein einsamer
95 VW Golf unter einem Schild: „First Volkswagen assembled in Rwanda". Die Mechaniker seien gerade noch im Lehrgang, erklärt ein VW-Mitarbeiter. Er erwarte aber bald ganze acht neue Kollegen. Deutlich mehr Jobs gibt es beim chinesischen Textilunternehmen C&H
100 gegenüber. Dort produzieren rund 1000 ruandische Arbeiter Kleidung für Kunden in England, den USA und auch für die deutsche Modekette Kik. Man werde von der ruandischen Regierung unterstützt, sagt Marketingleiterin Malou Jontilano. Die staatliche Arbeits-

agentur biete etwa Nähkurse an. Im Gegenzug bewirbt 105 die Regierung ihre „vielversprechende" Textilindustrie, zum Beispiel im Rahmen der G-20-Investitionspartnerschaft, welche die deutsche Bundesregierung 2017 während ihrer Präsidentschaft angestoßen hat. Die Firma C&H hat es auf diese Weise bis in die G-20-Hoch- 110 glanzbroschüre geschafft. Wovon dort nichts steht, sind die geringen Löhne, von denen die Fabrikarbeiter berichten. Wenige Dollar Lohn am Tag reichen selbst in Ruanda kaum, um eine Familie zu ernähren. Vom Wirtschaftsaufschwung profitiert heute überwiegend eine 115 kleine Elite in der Hauptstadt. Die Ungleichheit der Einkommen ist nach UN-Angaben hoch, auf dem Land herrscht Armut. Staatschef Kagame weiß um diese Not, aber er weiß sie auch zu nutzen. Mehr als ein Drittel des Staatshaushalts basiert auf ausländischen 120 Hilfszahlungen. Kagame verteilt das Geld gerne persönlich an die Ärmsten und vermarktet sich so zugleich als oberster Entwicklungshelfer. Das fremde Geld für Vorzeigedörfer und Projekte hilft nicht nur den Menschen. Es dient auch Kagames politischen Zielen. 125

AUFGABEN

1 Erarbeitet die Kernaussagen des Textes.

2 In den Zeilen 23–25 heißt es bezogen auf die touristischen Versöhnungsdörfer: „„Werde ein Psychotherapeut und hilf jemandem, seinen post-traumatischen Stress zu bewältigen', wirbt ein Safarianbieter auf seiner Webseite." Diskutiert diesen Ansatz.

3 Vertieft die Inhalte des Textes, indem ihr nach der **Methode Kugellager** ein Gespräch über Ruanda durchführt. Diese Methode heißt manchmal auch Karussellgespräch, Lernkarussell, Rundgespräch oder Speeddating. Ihr bildet einen Innen- und einen Außenkreis mit Stühlen. Dabei sitzen sich je-

weils zwei Schüler*innen gegenüber. Diese Paare unterhalten sich über Ruanda. Wenn die Lehrkraft ein entsprechendes Signal gibt, wechseln die Schüler*innen des Außenkreises um einen Platz nach rechts, sodass sich neue Paare ergeben. Jetzt unterhaltet ihr euch wiederum. Das wird so lange fortgesetzt, bis jeder wieder an seinem Ausgangspunkt sitzt.

4 Fasst ausgehend vom Text und euren Erkenntnissen aus dem Kugellager-Gespräch eure Gedanken über Ruanda in fünf Thesen.

MISEREOR-Wanderausstellung „Fractured Lives"

Die Wanderausstellung zeigt Bilder und Geschichten von Menschen, die ihr Leben 20 Jahre nach dem Genozid in Ruanda wiederaufgebaut haben. Der Völkermord in Ruanda begann am 6. April 1994 und dauerte bis
5 Mitte Juli 1994 an. Die Gewalttaten kosteten zirka 800 000 bis 1 000 000 Menschen das Leben. Ruanda hat heute über drei Millionen rückkehrwillige Flüchtlinge wieder aufgenommen, mehr als 60 000 Kämpfer wurden demobilisiert und die sogenannten „Gacaca-Ge-
10 richte" haben Tausende von ehemaligen Gefangenen in ihre Herkunftsgemeinden zurückgeschickt. Im Zentrum der MISEREOR-Ausstellung stehen die Traumatisierungen der Menschen. Der Völkermord hat seelische Verletzungen hinterlassen, aber auch Lücken geris-
15 sen – innerhalb der Gesellschaft, in den Dorfgemeinschaften und sogar innerhalb von Familien – und hat die Überlebenden und auch die nächste Generation verletzt zurückgelassen. Alle Betroffenen haben erlebt, wie schnell eine Situation sich ändern kann, wie

schnell ein Völkermord vonstattengehen kann. Alles 20 ist fragil, nichts ist wirklich fest, es gibt keine unverrückbaren Wahrheiten. Daher arbeitet die Ausstellung nicht mit einem festen Material, sondern mit Stoff: Bilder und Texte hängen auf Stoffstücken an 6 Leinen. Sie bewegen sich, sie können bewegt werden, sie ha- 25 ben ihre Eigendynamik. Auf den Leinen bleiben Lücken, sie sind nicht durchgängig bespannt. Die Lücken, die Dinge, über die nicht gesprochen werden können, werden so sichtbar gemacht. Die Besucher verbinden die Ausstellungsform vielleicht mit „Wäsche". Das ist 30 durchaus gewollt. „Wäsche" steht auch für Verschleiß, Risse, Flicken und damit für Dinge, die nicht mehr in Ordnung zu bringen sind oder denen man die versuchten Reparaturen ansieht. Darüber hinaus ist der Trocknungsprozess, an den mit dem Wäscheaufhängen er- 35 innert wird, mit der Entwicklung von Fotos vergleichbar: Vieles wird erst sichtbar, wenn es getrocknet ist.

© https://www.misereor.de/mitmachen/ausstellungen/fractured-lives

AUFGABEN

❶ Erklärt mit eigenen Worten das Besondere dieser Ausstellung.

❷ Überlegt euch, was ihr auf diese Leine hängen würdet. Skizziert eine ähnliche Ausstellung, die sich mit eurem Leben beschäftigt.

Jean-Baptiste Mpungirehe, Innocent Nkurunziza und andere: Von der heilsamen Wirkung der Kunst

Heilt Malerei wirklich tiefe Wunden?

[…] In einem der großen internationalen Hotels von Kigali – es gibt etwa das „Lando" in Remera, das „Umubano" in Kacyiru und das „Hôtel des Mille Collines" in Kiyovu, das durch den Film „Hotel Ruanda" berühmt

5 wurde – machte ich zum ersten Mal Bekanntschaft mit Werken ruandischer Künstler. Großformatige Gemälde schmücken Eingangshallen und Speisesäle, abstrakte und figurative Arbeiten, alle frisch aus den Ateliers der Stadt. Besonders für junge Künstler, die sich ihr Publi-

10 kum erst suchen müssen, sind die Hotels eine wichtige Ergänzung zur zwar äußerst lebhaften, aber kleinen Galerieszene der Stadt. Den Galerien machen auch zahlreiche Restaurants Konkurrenz, die Kunstwerke ausstellen und verkaufen. Die Preise orientieren sich

15 an dem, was Touristen und die obere ruandische Mittelschicht zu zahlen bereit sind. Mehr als sechstausend amerikanische Dollar kosteten auch die besten Stücke nicht, die ich gesehen habe. Es gibt wieder einen Markt für Kunst in Ruanda, es gibt einheimische Käu-

20 fer, es gibt eine lebendige Kunstszene: all das grenzt an ein Wunder, wenn man bedenkt, dass vor zwanzig Jahren die Hälfte der Tutsi-Minderheit von Hutu-Extremisten massakriert, erstochen, aufgespießt, erschossen, vergewaltigt, versklavt oder gefoltert wurde. Wer

25 davonkam, hatte sich oft tage- oder wochenlang versteckt, in Bananenpflanzungen oder flach auf dem Rücken liegend in einem Bach. Weite Teile der Bevölkerung leiden bis heute unter posttraumatischen Störungen. Oft sind sie so gravierend, dass selbst starke

30 Medikamente nicht helfen. Die polnische Wissenschaftlerin Malgosia Wosinska, die von Genoziden verursachte Traumata erforscht, sagt über Ruanda: „Wer traumatisiert ist, der wird sich dort völlig normal vorkommen." Sie ist überzeugt, dass Kunst zu schaffen

35 eine therapeutische Übung sein kann. Ein Versuch, die Dämonen des Völkermords auszutreiben, die sich immer noch in den nachbarschaftlichen Beziehungsgeflechten verstecken. […]

Aus unerklärlichen Gründen haben die Nachwir-
40 kungen des Genozids von 1994 zu einem bemerkenswerten Kreativitätsschub im Land geführt. Ihren Anteil daran haben auch die beiden prägenden Kunstzentren Kigalis, das „Inema" und das „Ivuka". Beide liegen im Stadtteil Kacyiru, unweit des Hotels „Umubano". Dort steigen muzungus ab, was in der Landessprache Ki-   45 nyarwanda eine freundliche Bezeichnung für „verwirrte Weiße" ist, Politiker und Geschäftsleute aus dem Westen, aus Indien, den Golfstaaten, China und anderen Ländern, die in Ruanda investieren. Ich steige vom Motorradtaxi und schlage den Weg ein, der zu ei-   50 nem Krankenhaus führt, das mit Geld aus Saudi-Arabien gebaut wurde. Ein Schild weist auf das „Ivuka Arts Center" hin. Wer ihm folgt, passiert eines der vielen Armeecamps von Kigali und protzige Villen, die an der Côte d'Azur stehen könnten, aber eine zerfurchte   55 Schotterstraße säumen. Es folgen bescheidene Häuser und eine massive bunte Skulptur. Sie markiert den Eingang zum Kunstzentrum. Seine Leiterin ist eine stark tätowierte und gepiercte Kanadierin namens Ivy Gowen. Gegründet hat das Zentrum der Künstler Collin   60 Sekajugo im Jahr 2007. Sekajugo ist in Uganda geboren und in Kenia aufgewachsen. Er hat mit Malklassen für Waisen angefangen und eine Musik- und Tanztruppe für Kinder ins Leben gerufen. „Ivuka" bedeutet „geboren werden". Heute ist die Einrichtung eine Mischung   65 aus Kunstkooperative, Galerie, Tattoostudio und Jugendzentrum. Wann immer man herkommt, arbeitet ein halbes Dutzend Künstler dort, meist junge Männer in den Zwanzigern. Sie malen unter einem improvisierten Holzdach, das Schatten auf ihre Staffeleien wirft.   70 Acrylfarben aus einheimischer Produktion oder aus Uganda sind das Material ihrer Wahl, weil sie billig, praktisch und überall zu kaufen sind. An diesem Tag lerne ich den Maler Jean-Baptiste Mpungirehe kennen. Er bereitet eine größere Ausstellung vor. Seine Acryl-   75 bilder, die überall in Hotels und Restaurants in Kigali hängen, erinnern an Storyboards: Lauter Kästchen aus dicken, schwarzen Linien drängen sich auf der Bildfläche. Sie umrahmen Figuren, farbenfrohe Silhouetten, von denen sich nicht sagen lässt, ob sie von weit her   80 auf einen zukommen oder sich entfernen. Jean-Baptistes Englisch ist rudimentär, fast immer hat er ein Lächeln in seinem bärtigen runden Gesicht. Aber hinter

85 dem Lächeln liegt eine tiefe Traurigkeit. Auf meine Frage, was er male, wer diese Figuren seien, antwortet er: „die Erinnerung an mein Volk". Vom „Ivuka" ist es nur ein kurzer Fußweg zu seinem in Freundschaft verbundenen Konkurrenten, dem „Inema Arts Center".
90 Hier sind Kinder und Jugendliche am Werk, denen Künstler zeigen, wie sie ihren Gedanken in Gemälden Ausdruck verleihen können – getreu dem Namen des Zentrums, der „Talent" oder „spirituelle Gabe" bedeutet. Im vorderen Teil befindet sich eine Galerie, dahinter liegt das Atelier, vollgestellt mit Staffeleien und
95 Leinwänden. Hier treffe ich Innocent Nkurunziza, einen der Brüder, die das „Inema" 2012 ins Leben gerufen haben. Er ist ein hervorragender abstrakter Maler – und Autodidakt. Ein schlaksiger, hochgewachsener Mann mit Schnurrbart, schick wie ein Hipster. Doch
100 sobald er mit einem spricht, wirkt es, als habe er einen gerade in seinen erweiterten Familienkreis aufgenommen. Innocent Nkurunziza ist mit einem ornamentalen Gemälde beschäftigt. Kräftige Mauvetöne und Gold kontrastieren mit Akzenten in Pastell, dazu hat er ein
105 Stück Rinde auf die Leinwand geklebt. Die Rinde, sagt er, sauge Farbe anders auf und erlaube es ihm, mit Farben und Texturen zu spielen. Aber er will mir noch

etwas anderes zeigen. In einem Nebenraum lagern viele kleinformatige Bilder: Tiere, Menschen, Landschaften – mal phantastisch, mal realistisch – sind auf 110 ihnen zu sehen. Diese Bilder haben Kinder unter der Anleitung von „Inema"-Künstlern gemalt. Die meisten der jungen Kunstschüler leben in einem Waisenhaus in einem der ärmsten Viertel Kigalis. Innocent Nkurunziza erzählt, anfangs hätten die Kinder einzig dunkle 115 und kalte Farben verwendet, vor allem Braun und Grün. Erst nach und nach, im Lauf der Jahre, sei ihre Palette heller geworden. Ruanda hat durch seine Versöhnungspolitik aus der Hölle herausgefunden und sich zu einem Land entwickelt, in dem die Menschen 120 nach vorne schauen wollen. Die Kunst spielt dabei eine wichtige Rolle. Hier, wo es kaum professionelle psychologische Hilfe gibt und für knapp neun Millionen Einwohner nur eine Handvoll ausgebildeter Therapeuten zur Verfügung steht, scheint der kreative Selbstaus- 125 druck eine wichtige therapeutische Funktion für viele Überlebenden des Genozids und ihre Kinder übernommen zu haben. […]

© Marc J. Masurovsky, https://www.faz.net/aktuell/feuilleton/kunst/vielfaeltige-kunstszene-in-ruandas-hauptstadt-kigali-13729008.html?printPagedArticle=true#pageIndex_0, Artikel vom 02.08.2015

___ AUFGABEN ___

1 Fasst die Kernaussagen des Zeitungsartikels knapp mit möglichst eigenen Worten zusammen.

2 Überlegt euch, wann ihr in einer Notsituation Hilfe durch ein künstlerisches Werk (vielleicht aus der Malerei, aber z. B. auch aus Theater oder Film) erfahren habt.

3 Diskutiert die Artikelüberschrift „Heilt Malerei wirklich tiefe Wunden?". Geht dabei auf Chancen und Grenzen der friedensschaffenden Wirkung von Kunst ein.

„Vision Jeunesse Nouvelle" in Ruanda[1]

Ruanda:
Drei Monate und schon so ein Theater

Wir sind nun schon seit fast drei Monaten hier in Gisenyi in der Westprovinz Ruandas. Nach und nach haben wir uns eingelebt, haben alle Bereiche unserer Organisation „Vision Jeunesse Nouvelle"[2] kennengelernt

5 und mit unseren Projekten begonnen.

Trotz der Vielzahl an Projekten und Möglichkeiten sich hier kreativ auszutoben, erhalten wir des Öfteren Einladungen zu außerplanmäßigen Veranstaltungen, die den Facettenreichtum hier noch erhöhen. Letzens

10 wurden wir zum Auftritt einer ruandisch-kongolesischen Theatergruppe eingeladen, die von VJN gefördert wird. Nach der Mittagspause bin ich also schnellstens mit dem Moto-Taxi zurück zu meinem Arbeitsplatz, dem Centre Culturel gefahren, um rechtzeitig den Bus

15 für die Mitarbeiter zu erreichen. Wie so oft habe ich mich richtig beeilt und war auf die Minute pünktlich, nur die anderen waren noch ganz wo anders. Als wir dann losfuhren, gingen wir noch kurz das Kind und die Frau eines Kollegen im Krankenhaus besuchen, der

20 gerade Vater geworden war. Nach dem Besuch fiel uns auf, dass wir Teile des Notstromgenerators vergessen hatten. Mit unserer schon vorhandenen Verspätung ging es dann nochmal zurück. Da unser Chef uns bereits telefonisch zu verstehen gab, schleunigst zum

25 Auftrittsort zu kommen, weil alle Welt auf uns warte, waren wir dementsprechend zügig unterwegs. Leider kamen wir nicht so schnell an wie erhofft. Ein Streifenpolizist hielt uns wegen erhöhter Geschwindigkeit an. So etwas passiert normalerweise recht selten, da die

30 Polizisten einerseits gut sichtbar in gelben Warnwes-

ten am Straßenrand stehen und die Ruander ein Zeichensystem haben, um die anderen Verkehrsteilnehmer vor den Kontrollen zu warnen. Nach einiger Diskussion ging es dann weiter. Natürlich mit ordnungsgemäßer Geschwindigkeit! Als wir dann in Ny- 35 undo mit etwa anderthalb Stunden Verspätung ankamen – die Aufführung sollte längst vorbei sein – trudelte auch so langsam das Publikum ein und der Soundcheck fing an. Wir hätten also ganz gelassen fahren können. Wenn ich jetzt sagen würde „das konnten wir 40 ja vorher nicht wissen" wäre es um ehrlich zu sein gelogen. Pünktlichkeit heißt etwa sechzig Minuten später und wenn es regnet geht man ja sowieso nirgendwo hin. Es fährt ja auch kein Moto. Die Theatergruppe hat sich das partizipative Theater zum Konzept gemacht. 45

---

[1] Unter www.misereor.de/schulwettbewerb gibt es eine ausführliche Beschreibung des Projektes.

[2] Abkürzung: VJN

Es geht darum, das Publikum einzubinden, es durch überspitzte Aussagen zu provozieren und zum Reflektieren anzuregen. Das Stück handelte von den Konflikten in der Region der Großen Seen. Der Schwerpunkt 50 lag auf der jetzigen politischen Situation in Burundi und der Frage der Identität der Völker und Ethnien in Zentralafrika. Neben den schauspielerischen Elementen wurde die Szene durch Musik, Licht und Akrobatik untermalt. So spielten zwei Akrobaten von Vision Jeu- 55 nesse Nouvelle je einen burundischen und einen ruandischen Drachen, die mal miteinander kämpften und mal sich gegenseitig zu Größe verhalfen. Zusammen mit der Feuerspuckeinlage und der Musik bot sich hier eine eindrucksvolle Szene. Dieselben Akrobaten jong- 60 lierten auch mit drei Bällen. Bei jedem Ball zählten sie mit: „Limwe, Kagame, Gatatu". „Limwe, *Kabili*, Gatatu" sind die Zahlen von eins bis drei. Hier einmal kurz durch den Namen des Präsidenten ausgetauscht. Diese Szene fand ich persönlich sehr markant, weil es 65 das erste Mal war, dass man sich in irgendeiner, wenn auch harmlosen Form, öffentlich über den ruandischen Präsidenten lustig machte. Zwei Szenen, über die nach Ende der Aufführung ausführlich mit dem Publikum diskutiert wurde, möchte ich kurz schildern: Die Schau- 70 spieler kamen mit Masken auf die Bühne. Ein kongolesischer Schauspieler nahm seine Maske ab. Er sagt: „Es gibt keine wahren Ruander, es gibt nur Hutu, Tutsi und Twa." Weiter führt er aus, dass es keine wahren Kongolesen und keine wahren Burundier gäbe. Das 75 sonst so aktive Publikum ist totenstill. Eine weitere Szene handelte von der Souveränität der afrikanischen Länder. Ein Schauspieler propagiert, dass Ruanda unabhängig und befreit von seinem Leiden sei. Eine andere Schauspielerin entgegnet, dass das Land abhängig von westlichen Geldgebern und den Rohstoffen 80 aus dem Kongo wäre, die es auf nicht ganz legale Weise ausbeute. Weiter sagte sie, dass Ruanda wie eine Marionette dem Diktat der Geldgeber folgen würde. Auch eine freie Presse sei de facto nicht zu finden. Diesmal war das Publikum laut und aufgebracht. 85 Anschließend wurde äußerst emotional über das Stück diskutiert. Mit welchem Ergebnis kann ich nicht genau sagen, da die Diskussion auf Kinyarwanda doch etwas zu schnell war. Aber alleine der Redebedarf, der Tonfall und die Gesten zeigten, dass das Ziel der Provokation 90 erreicht war. Hoffentlich auch das der kritischen Reflexion. Auch wenn das Stück größtenteils auf Kinyarwanda war, habe ich viel mitnehmen können, da viele Szenen im Kontext verständlich und gut geschauspielert waren und ich schon einige Teile der Texte auf Ki- 95 nyarwanda verstehen konnte. Ich bin echt sehr froh, dass ich diesen Abend mitnehmen konnte, weil es einerseits echt unterhaltsam war und ich andererseits eine ganze Menge über die Mentalität der Menschen erfahren habe. Die Gruppe tourte in diesen Wochen 100 durch ganz Ruanda und die Kivuprovinzen des Kongo. Überall werden sie andere Reaktionen hervorrufen. Ich freue mich schon darauf die Videozusammenfassung aller Präsentationen zu sehen. Besonders gegenteilig werden sicherlich die Reaktionen nahe der burundi- 105 schen Grenze und im Kongo ausfallen.

AUFGABEN

❶ Beurteilt den Ansatz des Projektes „Vision Jeunesse Nouvelle". Geht dabei insbesondere auf die Idee ein, Friedenspädagogik mit Jugendlichen zu betreiben und als Methode das partizipative Theater zu wählen.

❷ Wäre ein solches Projekt auch in Deutschland möglich bzw. nötig? Skizziert ein analog geartetes Theaterprojekt, das einem gesellschaftlichen Problem eurer Wahl (z. B. Mobbing an der Schule) mit ähnlichen Mitteln wie die Gruppe aus Ruanda begegnet.

Philippinen – von der Klimakrise und ihren Folgen

Steckbrief: Philippinen

Die Philippinen liegen in Südostasien und bestehen aus über 7000 Inseln. Mit etwa 343 000 km² und einer Bevölkerungszahl von etwas über 100 Millionen sind sie der fünftgrößte Inselstaat der Welt. Amtssprachen sind Englisch sowie Filipino, wobei auf den Philippinen ca. 170 Sprachen gesprochen werden, was auch von der Vielfalt und Unterschiedlichkeit der Bevölkerung zeugt. Die Hauptstadt heißt Manila und der längste
5 Fluss ist der Agusan. Die Philippinen sind neben Osttimor der einzige Staat Asiens, der katholisch geprägt ist.

Im Zeitalter der Entdeckungen landeten die Europäer zu Beginn des 16. Jahrhunderts auf den Philippinen, welche von Ferdinand Magellan entdeckt wurden. In der Folge fielen die Inseln unter spanische Herrschaft und es kam zur Christianisierung der einheimischen Bevölkerung durch europäische Missionare. Fast 400 Jahre lang blieben die Philippinen spanische Kolonie, bis es zum Spanisch-Amerikanischen Krieg kam,
10 in welchem die Amerikaner schließlich siegten und auch den Inselstaat besetzten.

Bald erhob sich Widerstand gegen die amerikanischen Kolonialherren, welcher in den Philippinisch-Amerikanischen Krieg mündete. In diesem starben etwa eine Million Filipinos*Filipinas. Das Land blieb unter amerikanischer Herrschaft, bis es während des Zweiten Weltkriegs von Japan okkupiert wurde. Nach Ende des Krieges – am 4. Juli 1946 – wurde das Land unabhängig.

15 Knapp 20 Jahre später wurde Ferdinand Marcos Präsident der Philippinen. Er baute seine Machtposition immer weiter aus, manipulierte Wahlen und verhängte nach einem Bombenanschlag im Land das Kriegsrecht, sodass er immer weitergehende Maßnahmen ergreifen konnte und schließlich eine Diktatur errichtete. Allerdings nahm die Unzufriedenheit in der Bevölkerung gegen die Marcos-Diktatur zu, sodass immer mehr Menschen Widerstand leisteten. Der Politiker Benigno Aquino äußerte sich immer wieder kritisch
20 gegenüber den Handlungen des Präsidenten und wurde 1983 erschossen. In der Folge erreichten die Proteste ihren Höhepunkt und führten schließlich zum Rücktritt Marcos'.

Seit dieser Zeit zeigt sich der Inselstaat weiterhin recht instabil, große Teile der Bevölkerung misstrauen der Politik. Das liegt unter anderem daran, dass die Philippinen zwar inzwischen ein demokratisch verfasster Staat sind, es in der Praxis aber zunehmende Probleme mit der Einhaltung von Recht und Gesetz gibt.
25 Seit 2016 ist nun Rodrigo Duterte Präsident, ein Mann, welcher – nicht nur im Kampf gegen die Drogenkriminalität auf den Philippinen – die Menschenrechte nur teilweise beachtet, die Pressefreiheit im Land erheblich beschneidet und immer wieder Äußerungen tätigt, die Menschen zutiefst diskriminieren. Darüber hinaus werden indigene sowie muslimische Gruppen zunehmend ausgegrenzt und benachteiligt. Viele Menschen leben unter der Armutsgrenze. Eine Folge davon ist unter anderem eine hohe Arbeitsmigration,
30 weshalb etwa medizinisches Personal nicht selten nach Deutschland abwandert.

AUFGABEN

❶ Erarbeitet aus dem Text die zentralen Inhalte über die Philippinen.

❷ Tragt Bilder, Karten und Illustrationen zusammen, die Land, Leute und Geschichte anschaulich machen.

❸ Gestaltet auf der Grundlage des Steckbriefs sowie eurer Rechercheergebnisse eine übersichtlich strukturierte Infotafel für eine Ausstellung über die Philippinen an eurer Schule.

Folgen der Klimakrise

© Erik Liebermann, in: „Glänzende Aussichten. 99 Karikaturen zu Klima, Konsum und anderen Katastrophen"

AUFGABEN

❶ Analysiert und interpretiert die Karikatur und geht dabei auch auf die Ursachen der dargestellten Problematik ein.

❷ Recherchiert weitere mögliche Folgen der Klimakrise und gestaltet zu einem Aspekt selbst eine Zeichnung, Collage oder Karikatur.

Konsum, Klimagerechtigkeit und Klimaungerechtigkeit

Was hat der Kauf von einem Paar Schuhe oder eines Smartphones mit Taifunen auf den Philippinen zu tun? Der Clip der **MISEREOR** / BDKJ-Jugendaktion zeigt es ... Gebt den Link ein oder scannt einfach den QR-Code®.

https://www.youtube.com/watch?v=68Og8CWcval&t=4s

AUFGABEN

1 Seht euch den Videoclip der Jugendaktion an und macht deutlich, was unser Konsum mit Naturkatastrophen auf den Philippinen zu tun hat.

2 Erläutert den Satz: „Das Klima kennt keine Grenzen".

3 Diskutiert die Aussage des US-Präsidenten Donald Trump und überlegt euch Argumentationsstrategien, wie man Leugner und Zweifler der Klimakrise von deren Existenz überzeugen könnte.

> **Donald J. Trump** · 22.11.2018
> "Brutal and Extended Cold Blast could shatter ALL RECORDS – Whatever happened to Global Warming?"

4 Definiert unter Berücksichtigung zentraler Aussagen des Films die Begriffe „Klimagerechtigkeit" bzw. „Klimaungerechtigkeit".

Klimagerechtigkeit

_____

_____

_____

_____

_____

_____

_____

_____

Klimaungerechtigkeit

_____

_____

_____

_____

_____

_____

_____

_____

_____

Das Projekt SIKAT: Gemeindebasierte Klimawandelanpassung und Ressourcenmanagement auf der Insel Siargao

Die Philippinen verfügen mit 7 100 Inseln und über 18 000 Kilometer Küste über eine sehr artenreiche Meeresflora und -fauna. Eine Million Filipinos leben von der Fischerei. Fisch ist der Haupteiweißlieferant in
5 der täglichen Nahrung der Bevölkerung. Überfischung durch kommerzielle Fangflotten, Küsten- und Wasserverschmutzung durch die (Agrar-)Industrie, Zerstörung der Mangroven und illegale, aber geduldete Praktiken wie Dynamitfischerei und der Einsatz von Natriumcya-
10 nid, haben den Fischbestand bereits dramatisch reduziert. Die Küstenfischer(innen) können von der Fischerei als alleinige Einnahmequelle kaum noch leben. Die Ernährungssituation gerade sehr armer Bevölkerungsschichten hat sich durch die Verknappung des Fischbe-
15 standes sehr verschlechtert. Küstenbewohner(innen) sind zudem häufig Risiken wie Überschwemmungen und Sturmfluten ausgesetzt, die durch Klimawandeleffekte erheblich verstärkt werden. Besonders betroffen sind hier die dem Pazifik zugewandten Küstenregi-
20 onen im Osten der Philippinen und hier insbesondere die vorgelagerten Inseln.

Die Insel Siargao ist die östlichste Insel der Philippinen. Sie gehört zur Provinz Surigao del Norte in Mindanao. Durch ihre Lage ist die Insel Naturkatastro-
25 phen wie Taifunen, Tsunamis und Erdbeben besonders ausgesetzt. Die Insel erhebt sich durchschnittlich nur etwa sechs Meter über dem Meeresspiegel. Die in das Projekt einbezogenen sechs Landkreise der Insel Siargao gehören zu den ärmsten Landkreisen der Philippi-
30 nen. Gleichzeitig ist das Projektgebiet Teil des größten Landschaftsschutzgebietes der Philippinen mit dem Namen Siargao Island Protected Area Landscapes and Seascapes (SIPLAS). Haupteinnahmequelle der Bevölkerung ist Küstenfischerei und Landwirtschaft. 80 %
35 der Bevölkerung hängen von der Fischerei ab. SIPLAS verfügt über die zweitgrößte Mangrovenwaldfläche der Philippinen, die der Insel Schutz vor Naturgewal-

ten bietet und wichtig ist für den Fischbestand und andere Meerestiere, jedoch durch Umweltverschmutzung und Holzeinschlag stark gefährdet ist.
40

Studien des Projektträgers in Zusammenarbeit mit den lokalen Behörden zeigen, dass die Insel besonders anfällig ist für Klimawandelfolgen, wie Anstieg der Lufttemperatur und damit der Temperatur des Oberflächenwassers, Anstieg des Meeresspiegels, Über-
45 schwemmungen und Erdrutsche, Sturmfluten und Tsunamis sowie unregelmäßige Niederschläge. Basierend auf den Studien und den prognostizierten konkreten Veränderungs- und Degradierungsprozessen im natürlichen Lebensraum muss bei ausbleibenden
50 Schutz- und Anpassungsmaßnahmen von einer weiter zunehmenden Verletzbarkeit und Verarmung der Bewohner(innen) der Insel ausgegangen werden.

Hinzu kommt noch der in den letzten Jahren stark angestiegene nationale sowie internationale Touris-
55 mus (allein in 2017 ein Anstieg von 25 %), der in immer mehr natürliche Lebensräume eindringt und diese zerstört.

Auf nationaler Ebene ist durchaus Wissen zu Strategien und Maßnahmen der Klimawandelanpassung
60 und des Ressourcenschutzes vorhanden. Anders sieht es allerdings auf lokaler Ebene aus. Die lokale Bevölkerung ist wenig aufgeklärt über die Möglichkeiten, die es gäbe, um sich gegen die Veränderungen in deren natürlichem Lebensraum zu schützen und anzupassen.
65 Im Gegenteil, aus Unwissen und wegen des täglichen Überlebenskampfes werden Verhaltens- und Wirtschaftsweisen (z. B. Einschlag in den Mangrovenwäldern zwecks Versorgung mit Brennholz) praktiziert, die die Verletzbarkeit der Bevölkerung noch verstär-
70 ken. Genau hier setzt die Organisation SIKAT an.

© Steffen Ulrich/MISEREOR

AUFGABEN

❶ Erarbeitet die Kernaussagen des Textes und fasst sie in eigenen Worten zusammen.

❷ Der Text endet mit den Worten: „Genau hier setzt die Organisation SIKAT an" (Z. 71). Verfasst eine

Fortsetzung des Textes und erläutert mögliche Maßnahmen, die eine Organisation wie SIKAT ergreifen könnte, um die Einwohner*innen Siargaos zu unterstützen.

Die Zukunft der Philippinen – Szenarien entwickeln

© StunningArt / shutterstock.com

— AUFGABE —

1 Wendet die **Methode Szenariotechnik** auf die Klimakrise und insbesondere mit Blick auf die Zukunft der Philippinen an. Die Vorgehensweise findet ihr hier:

Verlauf/Beschreibung: Ziel der Methode ist es, mögliche Zukunftsbilder auf der Basis gegenwärtig bekannter Zustände zu entwerfen. Thematisch bietet sich die Behandlung globaler und langfristiger Problemstellungen an.
Eine Analyse aktueller Tatsachen, Daten, Entwicklungen, deren Bedingungen und Zusammenhänge sowie Wechselbeziehungen liefert die Grundlage. Leerstellen und Lücken müssen kreativ und fantasievoll gefüllt werden.
Die so entstehenden Szenarien liefern den Zusammenhang für die Entwicklung ganz konkreter Maßnahmen sowie Strategien.

Erarbeitet werden in der Regel drei verschiedene mögliche Zukunftsentwürfe:

1. Negatives Extremszenario: Wie könnte die Zukunft im schlimmsten Fall aussehen?

2. Positives Extremszenario: Wie könnte die Zukunft im besten Fall aussehen?

3. Trendszenario: Wie könnte die Zukunft aussehen, wenn sich die jetzige Situation fortschreibt?

Phasen:

Zunächst wird vorbereitet. Dann kommen die folgenden Phasen:

1   Analyse des Problems

2.1 Analyse der wirksamen Einflüsse

2.2 Deskriptorenanalyse

3   Entwicklung zweier Extremszenarien (Negativ- und Positivszenario) sowie eines Trendszenarios

4   Entwicklung von Strategien und Maßnahmen zur Problemlösung

Anschließend wird nachbereitet.

Anmerkung zu den Phasen 2.1 und 2.2: Diese beiden Phasen können auch zusammengefasst werden, indem Einflussfaktoren untersucht und möglichst genau beschrieben sowie begrifflich gefasst werden (Deskriptor = lat. „Beschreiber", Schlagwort, Kennwort).

Wendie P. Enderez und das Projekt SIKAT

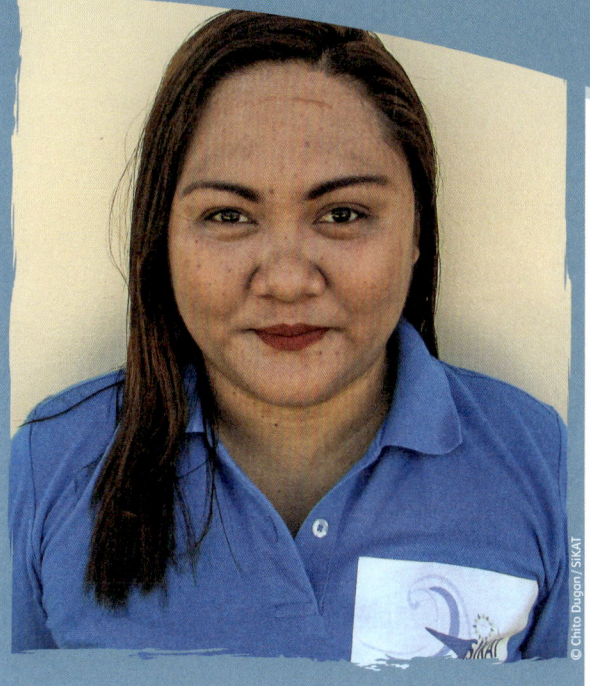

Wendie P. Enderez wurde am 26.01.1988 in einem kleinen Fischerdorf auf den Philippinen geboren. Dort wuchs sie inmitten der Inselwelt mit einem empfindlichen Ökosystem und einer hohen Armutsrate auf, was
5 sie dazu motivierte, sich für die Interessen der lokalen Fischer*innen einzusetzen. An der Mindanao State University schloss sie ihr Studium mit dem „Bachelor of Science" (Schwerpunkt: Fischfang) ab.

Im Anschluss an ihre universitäre Ausbildung arbei-
10 tete sie in verschiedenen Positionen und Aufgabengebieten. Viel Zeit verbrachte sie vor allem mit Forschungstätigkeiten, um Technologien zu entwickeln, die den Fischer*innen in ihrer täglichen Arbeit von Nutzen sein können. 2014 und 2015 arbeitete sie bei
15 der Social Weather Station (SWS), wo sie sich mit den Lebensbedingungen insbesondere in Küstenregionen noch genauer beschäftigte.

2016 kam sie zu SIKAT und begann ihr Engagement auf Siargao. „SIKAT bietet mir einige spannende Her-
20 ausforderungen, sodass ich jeden Tag dazulerne und mein Engagement für die Umwelt auch in die Praxis umsetzen kann." Während Siargao aufgrund der Klimakrise zahlreichen Herausforderungen gegenübersteht – wie Regierung und Wissenschaftler*innen vorhersagen –, widmet sich Frau Enderez voll und ganz 25 ihrer Aufgabe und bekleidet seit 2019 die Position einer Field Managerin bei SIKAT auf Siargao. Gemeinsam mit den Menschen aus den Küstenorten, wissenschaftlichem Personal vor Ort und den örtlichen Behörden arbeitet sie daran, möglichst tragfähige und effektive 30 Lösungen zum Schutz der bedrohten Regionen zu finden.

© Chito Dugan/SIKAT, Übersetzung durch Autor

--- AUFGABE ---

1 Stellt euch vor, ihr hättet Wendie P. Enderez bei euch in der Schule zu einem Expertengespräch zum Thema „Die Klimakrise und nachhaltige Fischerei auf den Philippinen" zu Gast. Formuliert fünf Fragen, die ihr gerne stellen würdet.

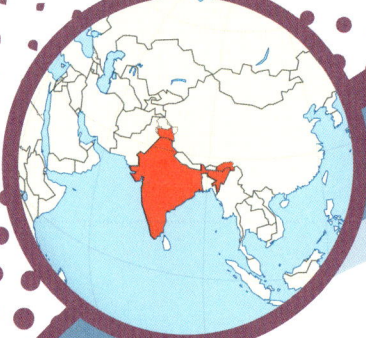

Indien – für alle Zeiten in einer Schublade?

Steckbrief: Indien

Die Republik Indien, die in den beiden Landessprachen Englisch „Republic of India" und Hindi „Bharatiya Ganarajya" heißt, ist mit 3,2 Millionen km² etwa neunmal so groß wie Deutschland und von der Fläche her das siebtgrößte Land der Erde. Der wichtigste Fluss ist der Ganges (Ganga), Hauptstadt ist Neu-Delhi mit ca. 16,3 Millionen Menschen. Der Himalaya bildet die natürliche Nordgrenze Indiens, im Süden wird das
5 Land vom Indischen Ozean umschlossen. Indien grenzt an Pakistan, das chinesische autonome Gebiet Tibet, Nepal, Bhutan, Myanmar und Bangladesch. Im Indischen Ozean liegen die Nachbarstaaten Sri Lanka und die Malediven. Indien hat bei ca. 1,2% Bevölkerungswachstum eine Einwohnerzahl von gut 1,3 Milliarden und ist damit nach China hinsichtlich der Bevölkerungszahl das zweitgrößte Land der Erde. Die Hauptreligion des Landes ist der Hinduismus (ca. 80,5%), dann folgen Islam (ca. 13,4%), Christentum
10 (ca. 2,3%), Sikhismus (ca. 1,9%) sowie weitere kleinere Religionsgemeinschaften. Die indische Verfassung garantiert Religionsfreiheit, während das streng hierarchische Kastensystem Indiens Gesellschaft prägt.

Die Regierungsform Indiens ist eine parlamentarische Demokratie. Gemessen an der Einwohnerzahl ist Indien damit die größte Demokratie der Welt. Präsidentenamt und Ministerpräsidentenposten waren lange in der Hand der indischen Kongresspartei (z.B. von Indira Gandhi), heute ist die rechtskonservative
15 indische Volkspartei sehr erfolgreich. Der Bundesstaat Indien besteht aus 29 Staaten, 6 Unions-Territorien und dem National Capital Territory Delhi. Neben der Hauptstadt Neu-Delhi sind weitere Ballungsräume Mumbai, Kalkutta, Chennai oder Bangalore. Indien hat über 40 Millionenstädte, die einwohnerstärkste Stadt ist Mumbai mit über 18 Millionen Einwohner*innen. Mit 388 Einwohnern pro Quadratkilometer ist Indien bei einer ungleichmäßigen Verteilung insgesamt dicht besiedelt (zum Vergleich Deutschland:
20 231 pro Quadratkilometer).

Die säkulare indische Republik besteht seit 1949. Zuvor gehörte Indien zum „British Empire". Zentrale Figur der Unabhängigkeitsbewegung war Mahatma Gandhi. Aktuell ist der Staat Indien relativ stabil, er ist Atommacht und Mitglied der G20. Zudem gehört Indien als Schwellenland zu den aufstrebenden Volkswirtschaften, den sogenannten „BRICS-Staaten" (Brasilien, Russland, Indien, China und Südafrika). Trotz
25 der insgesamt positiven wirtschaftlichen Entwicklung leben viele Menschen gerade in den Städten unter katastrophalen Bedingungen. Geschätzte 30% der städtischen Bevölkerung leben in ungeplanten Behausungen und Slums. Neben inneren Konflikten (etwa im Zusammenhang mit dem immer noch existierenden Kastensystem, dem scharfen Kontrast zwischen Armut und Reichtum, der Stellung der Frauen oder hinsichtlich sexueller Gewalt) gefährdet der Nachbarschaftskonflikt mit Pakistan um die Region Kaschmir die
30 Stabilität der Region. Pakistan und Bangladesch sind eigene souveräne Staaten, stellen aber historisch so etwas wie ein „islamisches Indien" dar.

--- AUFGABEN _____

1 Gestaltet in Gruppen jeweils ein Plakat mit den wichtigsten Informationen zu Indien. Verwendet dazu auch Bilder, die ihr im Internet recherchiert.

2 Stellt eure Arbeit in der Klasse vor.

Biografien

© Michael Thaidigsmann / wikimedia (CC BY-SA 4.0)

Der frühere deutsche Außenminister Joschka Fischer stammt aus einer ungarndeutschen Familie, die 1946 ihre Heimat nahe Budapest verlassen hatte. 1948 wird Joschka in Baden-Württemberg geboren. Sein Lebens-
5 lauf beginnt zunächst ganz konservativ: Er ist Ministrant in seiner katholischen Heimatgemeinde und besucht das Gottlieb-Daimler-Gymnasium im Stuttgarter Stadtteil Bad Cannstatt. Allerdings bricht er vor Beendigung der 10. Klasse im Jahr 1965 die Schule ab. Ein
10 Jahr später wirft er auch seine Fotografenlehre hin, die er im Anschluss begonnen hat. Joschka Fischer wird einer der Köpfe der sogenannten „außerparlamentarischen Opposition" (APO) zunächst in seiner Heimat und ab 1968 in Frankfurt am Main.

15 Beruflich hangelt er sich rund um die 1980er-Jahre durch verschiedene Gelegenheitsjobs, in linken Verlagen bzw. Buchläden sowie als Übersetzer und Taxifahrer.

Im März 1983 wird er für die Grünen in den Bundes-
20 tag gewählt und 1985 wird er Staatsminister für Umwelt und Energie im ersten rot-grünen Länderkabinett der Bundesrepublik Deutschland in Hessen. Seine Vereidigung in Turnschuhen, die er sich nach eigenen Angaben extra dafür gekauft hatte, wird zum Symbol ei-
25 ner neuen politischen Epoche, in der Bewegungen jenseits der etablierten und zeitweilig erstarrten poli-

tischen Parteien an die Macht kommen können. Joschka Fischer ist einer der Protagonisten dieses Wandels, der sich mit der Abwahl Helmut Kohls und seiner schwarz-gelben Bundesregierung 1998 fort- 30 setzt. Im ersten rot-grünen Bundeskabinett unter Gerhard Schröder (SPD) wird Joschka Fischer 1998 Außenminister und Vizekanzler. Er genießt sehr hohe Sympathiewerte und gilt in der ganzen Welt als anerkannter Partner. Seine gute Beziehung zur US-ameri- 35 kanischen Außenministerin Madeleine Albright ist legendär.

So ist der ungelernte Taxifahrer und Buchladenjobber als weltweit geachteter Staatsmann in der zuweilen als so abgeschottet geltenden „Politikerkaste" an- 40 gekommen.

— AUFGABEN

❶ Formuliert in möglichst eigenen, wenigen Worten das Besondere am Lebenslauf von Joschka Fischer.

❷ Befragt eure Verwandten oder Nachbarn hinsichtlich deren Biografien und stellt fest, wer es geschafft hat, „Standesgrenzen" zu überwinden. Lasst euch dabei auch erklären, welche Schwierigkeiten es zu bewältigen galt und wie sich die Befragten dabei fühlten.

❸ Der Text endet mit dem Satz: „So ist der ungelernte Taxifahrer und Buchladenjobber als weltweit geachteter Staatsmann in der zuweilen als so abgeschottet geltenden Politikerkaste angekommen." Nehmt davon ausgehend Stellung zum Begriff „Politikerkaste".

❹ Schätzt die Situation hinsichtlich der Durchlässigkeit gesellschaftlicher Schranken in Deutschland ein. Begründet eure Antwort.

Das indische Kastensystem

Einen Beitrag zum Kastensystem schreiben? Unmöglich! Das war meine erste Assoziation. Und in der Tat habe ich […] selten ein komplexeres, vielschichtigeres,
5 primär abzulehnendes, sekundär gleichzeitig rätselhaftes wie einleuchtendes kulturelles und soziales Phänomen wie das Kastensystem des südasiatischen Subkontinentes vor mir gehabt. Damit
10 fängt es nämlich an: Wir reden allgemein über das „indische" Kastensystem, aber Kasten im engeren Sinne gibt es heute nicht nur in Indien, sondern auch in Nepal, Bangladesch, Pakistan, Sri Lanka, unter den indischen Migranten in den USA und Kanada, im
15 Vereinigten Königreich, manchmal sogar an deutschen Universitäten. Und im weiteren Sinne gab es Kasten in Deutschland auch – und zwar in den Zünften des Mittelalters. Manche Zunftordnung sah vor, dass die Tochter eines Zunftmeisters nicht ohne die Zustimmung
20 des Zunftobermeisters außerhalb der Zunft heiraten durfte – so sollte verhindert werden, dass Zunftgeheimnisse nach außen getragen wurden. […] Ich habe nach Kastenzugehörigkeit in Indien am Anfang manchmal vorsichtig gefragt – und irgendwann ver-
25 standen, dass das eine ungehörige Frage ist. Auf ganz entfernte Weise kann man es vielleicht in Beziehung setzen zur folgenden Situation: Stellen wir uns vor, wir kämen mit einem amerikanischen Touristen ins Gespräch. Wir unterhielten uns über soziale Strukturen in
30 Deutschland und plötzlich käme wie aus dem nichts die locker und interessiert vorgetragene Frage: „Sagen Sie, was haben Ihre Großväter eigentlich beruflich und politisch von 1933 bis 1945 gemacht und – wo wir dabei sind – wissen Sie zufällig, wie Ihre Großväter bei den
35 letzten drei freien Wahlen gewählt haben und warum sie das getan haben?" Easy going könnte auf die Frage wohl kaum einer von uns Deutschen aus der Enkelgeneration antworten – ich persönlich würde einen unendlich wortreichen Vortrag beginnen – und ihn wahr-
40 scheinlich dann enttäuscht abbrechen, weil ich vieles doch unvermittelbar fände. Die erste eklatante Situation von massiver Kastentrennung, an die ich mich erinnere, war die folgende: Wir machten Feldbesuche in einem Projekt mit Kleinkrediten auf dem Land in der
45 Nähe von Lucknow/Indien. Der Projektkoordinator stellte mir die Dorfbewohner und -bewohnerinnen als

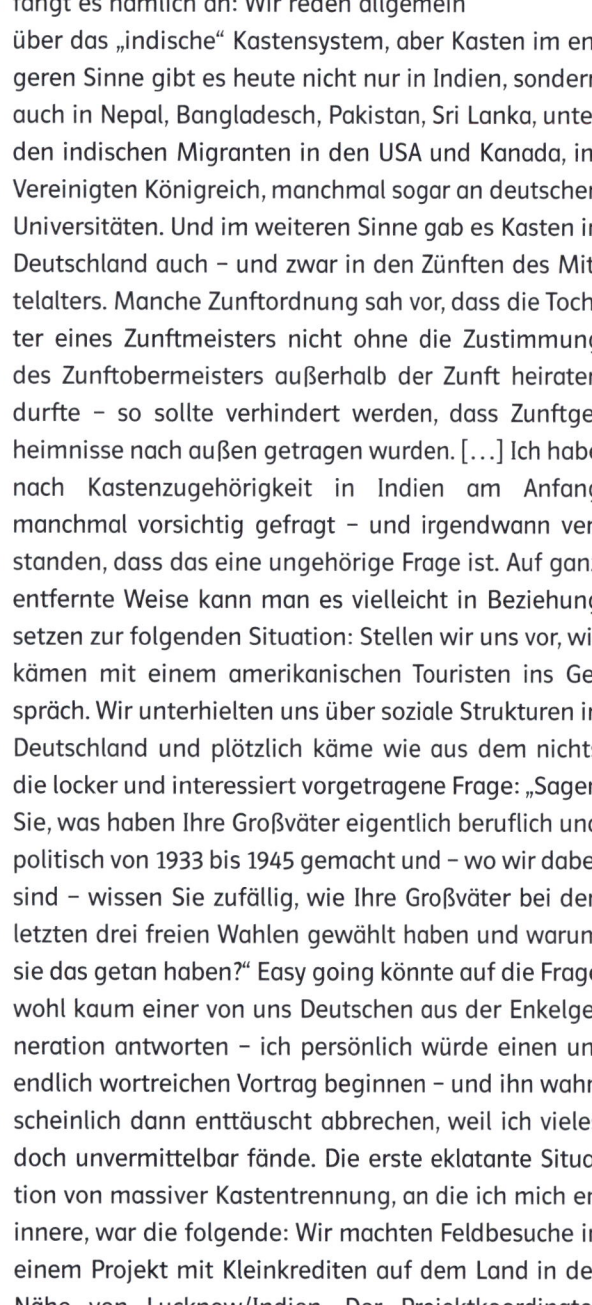

Tagelöhner an der Bandsäge

Kastenlose – also Dalits – vor. In einem Dorf hatte eine Familie mit den Kleinkrediten eine Blockbandsäge gekauft und ließ nun von Tagelöhnern Holzabschnitte aufsägen, um daraus kleine Kisten für den Transport 50 von Mangos herzustellen. Die Familie selbst nagelte die Brettchen zu entsprechenden Kisten zusammen, die staubende Arbeit bei sengender Sonne wurde in einer Grube von zwei nochmal deutlich dunkelhäutigeren Arbeitern gemacht. Ich versuchte mit diesen bei- 55 den in Kontakt zu treten, konnte kein Hindi, folgte nur dem Impuls, ihnen zu vermitteln, dass ich auch schon an einer solchen Maschine gearbeitet hatte – und merkte im selben Moment, dass ich irgendein Tabu verletzte, als ich selbst in die Grube hinuntersprang. 60 Wahrscheinlich war ich wirklich über eine der Unterkastengrenze unter den Kastenlosen „gesprungen" […]. Mir als Handwerker und Ökonom leuchtet die wirtschaftliche Erklärung am meisten ein. Schon früh ermöglichte der wissenschaftliche und technische 65 Fortschritt auf dem indischen Subkontinent eine enorme Bevölkerungsentwicklung. In Bihar soll es entlang des Ganges schon in vormittelalterlicher Zeit regelrechte Abwasser- und Heißwasserheizungssysteme gegeben haben, die ayurvedische Medizin ist 70 sehr, sehr alt. Im flächenmäßig kleineren Indien leben etwa fünfmal so viele Menschen wie im flächenmäßig größeren Brasilien, um 1500 nach Christus war dieses Verhältnis noch viel extremer. Nicht alle diese Menschen konnten von der Landwirtschaft leben, diese 75 dicht gedrängte Bevölkerung brauchte alternative Einkommensquellen. Der erste Typ sekundärer Wirtschaft war das Handwerk, aber als wirkliches Handwerk, in welchem nicht Maschinen einen Vorsprung vor etwaigen Konkurrenten schafften, wie etwa in ei- 80 ner heutigen KFZ-Werkstatt oder Schreinerei, sondern Wissen, Humankapital. Wie aber hält man/frau als

Handwerker das Tauschverhältnis zu dem Preis der Nahrungsmittel so, dass einem die Bauern immer ge-
85 nug von der Lebensmittelproduktion abgeben, auch dann, wenn das Interesse an Handwerksprodukten eher gering ist? Indem man sie knapp hält und für sich und „seinesgleichen" reserviert. Man bleibt dann, wenn der Kundenstamm an den Sohn oder die Tochter
90 weitergegeben wird, am besten „unter sich", der Sohn des Schreiners heiratet die Tochter eines Schreiners, dann wird das Wissen nicht vervielfältigt. […] Also bittet man Magier, Schamanen, Medizinmänner oder Priester dieses System der Endogamie für „von Gott
95 befohlen" zu erklären. Wer also die Zunftgeheimnisse […] stehlen will, indem er sich da einfach einheiratet, der sündigt! Für die Priester wird dieses System immer interessanter und es wird in einem solchen System auch immer lohnender, selber Priester zu sein. Also or-
100 ganisieren sich die Priester auch als endogame Gruppe, als Priesterkaste. Klingt wie ein Märchen aus Tausendundeiner Nacht? Noch in den sechziger Jahren des 20. Jahrhunderts waren viele deutsche Förster im Beamtenstatus die Söhne von Förstern im Beamten-
105 status. Ein Land, in dem ein solches Kastensystem herrscht, weist eine gewisse wirtschaftliche Stabilität und Berechenbarkeit auf – schau nicht nach Indien, sondern vergleiche das Zunftwesen in den mittelalter-lichen Städten! Deswegen kommen wilde Räuber, zum
110 Beispiel aus Zentralasien, die wollen dieses Land be-herrschen. Das waren später die Mogule, aber schon früher drangen immer wieder andere Völker in Indien ein. Also braucht man Leute, die einen vor diesen Ein-dringlingen und vor den von diesen früher oder später
115 geforderten Steuern schützen – Krieger! Die werden immer wichtiger und immer teurer, können aber dann, wenn sie ihren Zweck erreichen, nämlich stabilen Frie-den, auch ganz furchtbar nutzlos erscheinen. Also or-ganisieren auch sie sich in endogamen Gruppen – eben Kasten. Und so hätten wir hier in nicht vollständiger,
120 aber hoffentlich verständlicher Weise die historische Entstehung von drei der vier großen Varnas (Sanskrit für Oberkastengruppen) erklärt: an der Spitze die Brahmanen, unter ihnen die mächtigen Krieger und ganz unten, von oben nach unten gestaffelt, in der
125 Varna der Arbeiter von den Goldschmieden bis hinun-ter zu den Landarbeitern die gewerblich Tätigen. Zwi-schen den gewerblich Tätigen und den Kriegern ent-stehen irgendwann noch zusätzlich die Kaufleute und die abstrakt Gewerbetreibenden, wie etwa die Land-
130 besitzer. Ein solches System wirft bei denkenden Men-schen Fragen auf. Es fällt insbesondere auf, dass das Bruttosozialprodukt von den unten angesiedelten Kasten erwirtschaftet wird, während die Krieger üben und die Priester – Brahmanen heißen sie in Indien –
135 meditieren und beten. […] Die Brahmanen erfinden nun Konzepte, die dieses System stabilisieren – das Konzept der Reinheit ist ein solches Konzept. Wenn sie einen Krieger berühren, an dessen Händen Blut kleben könnte, dann verlieren sie den Kontakt zum Göttlichen,
140 dann können sie ihren Dienst am Ganzen nicht mehr verrichten […]. Mit dem Konzept der Reinheit und sei-nem Gegenkonzept der Unberührbarkeit entsteht das in einer Welt individueller Menschenrechte Unerträgli-che des Kastensystems. Menschen werden zu Gift für
145 andere Menschen erklärt. […]

— AUFGABEN

❶ Stellt ausgehend von den wichtigsten Inhalten des Textes das indische Kastensystem in einem kleinen Schaubild dar.

❷ Im Text wird mit dem mittelalterlichen Zunftwesen eine andere kastenähnliche Tradition angespro-chen. Tragt alle diesbezüglichen Informationen des Textes zusammen und stellt sie euren Erkenntnis-sen aus Aufgabe 1 gegenüber.

❸ Formuliert gesellschaftliche Konsequenzen, die sich ergeben, wenn in einem Staat ein Kastensys-tem vorherrscht.

❹ Dieser Text war ein Beitrag auf dem MISEREOR-Blog. Entwerft einen Folgebeitrag, der eure persönlichen Gedanken zum Gelesenen enthält.

People Led Development (PLD)

Der Weg entsteht beim Gehen. Stärkung lokaler Veränderungsprozesse in Asien

Wie können Veränderungsprozesse wirksam mit Projekten unterstützt werden,
in denen Menschen selbst bestimmen und im Mittelpunkt stehen?

Wie ein PLD-Prozess ablaufen könnte

Ermächtigung

Menschen sind aktiv als "Agenten des Wandels"

Wohlfahrt

Menschen empfangen Hilfe und Leistungen

Eine kritische Masse erreichen

Die Bewegung führen und aufrechterhalten

Politische und soziale Einrichtungen beeinflussen

Rechte geltend machen, auch Gemeinschaftsrechte

Zusammenarbeit mit anderen Gruppen und Gemeinschaften

Interessenvertretung und Lobbyarbeit für den Zugang zu Ressourcen

Selbstmobilisierung und Aufbau neuer wirtschaftlicher Ressourcen

Kollektive Verantwortung und gemeinschaftliche Entscheidungsfindung

Gemeinsam handeln, um konkrete Bedürfnisse zu erfüllen

Selbstorganisation, Zusammenschließen anhand gemeinsamer Themen

Transformiertes Bewusstsein

Quelle: Elisabeth Cruzada

© Veränderung geht von den Menschen aus. MISEREOR-Dossier 12-2018/01-2019, S. 12

AUFGABEN

1 Erläutert mit möglichst eigenen Worten den PLD-Prozess, wie er sich in der Grafik darstellt. Bezieht dabei auch die Überschrift ein.

2 Erklärt, inwiefern PLD eine Antwort geben kann auf die oben abgedruckte Eingangsfrage des Dossierbeitrags, dem die Grafik entstammt.

3 Diskutiert, ob der PLD-Prozess geeignet ist, gesamtgesellschaftliche Probleme Indiens, die sich aus dem immer noch existierenden Kastensystem ergeben, zu lösen bzw. zu mindern.

Mahatma Gandhi

Mahatma Gandhi (geboren 1869, ermordet 1948), eigentlich Mohandas Karamchand Gandhi, ist wahrscheinlich der berühmteste Inder. Der Rechtsanwalt ist eine „Ikone" der Gewaltlosigkeit, Widerstandskämpfer, Pazifist, Publizist und Asket. Er kämpfte in Südafrika gegen die Politik der Rassentrennung sowie in Indien für die Gleichberechtigung aller Inder.

Der Schwache kann nicht verzeihen. Verzeihen ist eine Eigenschaft des Starken.

Zuerst ignorieren sie dich, dann lachen sie über dich, dann bekämpfen sie dich und dann gewinnst du.

Was man mit Gewalt gewinnt, kann man nur mit Gewalt behalten.

Die Geschichte lehrt die Menschen, dass die Geschichte die Menschen nichts lehrt.

© wikimedia (Public domain)

Die Welt hat genug für jedermanns Bedürfnisse, aber nicht für jedermanns Gier.

Wenn du im Recht bist, kannst du dir leisten, die Ruhe zu bewahren; und wenn du im Unrecht bist, kannst du dir nicht leisten, sie zu verlieren.

Es gibt keinen Weg zum Frieden, denn Frieden ist der Weg.

Du und ich – wir sind eins. Ich kann dir nicht wehtun, ohne mich zu verletzen.

Auge um Auge – und die ganze Welt wird blind sein.

Sei du selbst die Veränderung, die du dir wünschst für diese Welt.

Stärke wächst nicht aus körperlicher Kraft – vielmehr aus unbeugsamem Willen.

Gutes kann niemals aus Lüge und Gewalt entstehen.

© http://zitate.net/mahatma-gandhi-zitate?p=2

AUFGABEN

❶ Charakterisiert den Menschen Mahatma Gandhi mithilfe dieser Aussagen. Bildet dazu Kleingruppen und besprecht zunächst, wie die Zitate auf euch wirken.

❷ Erklärt mithilfe ausgewählter Zitate, weshalb Mahatma Gandhi auch bei uns einen ganz besonderen Ruf als Unabhängigkeits-, aber insbesondere auch Friedensheld genießt.

Indonesien –
der Islam und die anderen

Steckbrief: Indonesien

Die Republik Indonesien liegt in Südostasien (nur der Landesteil auf Neuguinea zählt zu Australien) und gilt als größter Inselstaat der Welt. Die Gesamtlänge der Küsten beträgt über 80 000 km. Mit ca. 260 Millionen Menschen ist Indonesien das viertbevölkerungsreichste Land der Welt. 10 Millionen Menschen leben in der Hauptstadt Jakarta bzw. 30 Millionen im Großraum dieser Stadt. Ein großer Teil der ca. 30 größeren
5 ethnischen Gruppen besteht aus Personen malaiischer Herkunft. Die offizielle Landessprache ist Indonesisch (Bahasa Indonesia). Der größte Teil der Bevölkerung (ca. 87 %) bekennt sich zum Islam. Indonesien ist daher das Land mit der weltweit größten islamischen Bevölkerung. Dieser Islam gilt traditionell als gemäßigt, wenn auch in den letzten Jahren die radikaleren Stimmen lauter und einflussreicher werden. Die nächstgrößere Religionsgruppe bilden die Christen mit 10 %. Die Präsidialrepublik Indonesien verfügt über
10 gewählte kommunale, regionale und nationale Parlamente.

Nachdem zunächst Portugal eine fast 100 Jahre dauernde Kolonialherrschaft ausübte, übernahmen 1600 die Niederlande nach und nach das Gebiet Niederländisch-Indien bis zur nahezu vollständigen Einnahme im Jahr 1908. 1942 annektierte Japan das Gebiet, 1943 erfolgte die Unabhängigkeit von den Niederlanden, 1945 die Kapitulation Japans mit anschließender Unabhängigkeit Indonesiens unter dem ersten Präsidenten Indone-
15 siens Sukarno und Mohammad Hatta. Verschiedene Konflikte rund um die Unabhängigkeit, die Bildung des Nachbarstaats Malaysia 1963, den Putschversuch gegen den rechtsgerichteten General Suharto 1965, die Unabhängigkeit Ost-Timors 1975 mit der anschließenden offenen Invasion und die Wirtschaftskrise 1998 mit dem von Korruptionsvorwürfen begleiteten Rücktritt General Suhartos mündeten nach einer kurzen Amtszeit von Bacharuddin Habibie in die Wahl Abdurrahman Wahids 1999 als ersten frei gewählten Staatspräsidenten.
20 2001 folgte mit Megawati Sukarnoputri die Tochter des Staatsgründers Sukarno.

Der Terroranschlag auf der Touristeninsel Bali im Jahr 2002, der Weihnachtstsunami 2004 mit der Zerstörung großer Teile der Provinz Aceh auf Sumatra und auch der weitere Tsunami 2018 ließen das Land auch in der Folge nicht zur Ruhe kommen. Die Provinz Aceh gilt zudem als politischer Unruheherd, da dort radikale Unabhängigkeitsbestrebungen vorherrschen, die 2005 in einen Friedensvertrag mündeten. Seit 2003
25 gilt in Aceh als einzigem Gebiet Indonesiens die islamische Rechtsordnung der Scharia. Dies sorgt insbesondere unter den Frauen, deren Rechte spätestens 2010 stark eingeschränkt wurden, bei der Jugend und bei religiösen Minderheiten wie etwa den Christen immer wieder für Unmut und Konflikte. Seit 2004 wird Indonesien in der Welt als Demokratie, allerdings eher autoritärer Spielart, betrachtet. Auf dem Demokratieindex der Zeitschrift „The Economist" belegte Indonesien 2016 den Platz 49 von 167.

--- AUFGABEN ---

1 Legt eine Tabelle an, in der ihr die wichtigsten Daten zu Indonesien denen Deutschlands gegenübergestellt.

2 Charakterisiert die Länder, indem ihr anschließend an Aufgabe 1 eine kurze Erklärung mithilfe einer Metapher/eines Bildes zu dem Land ausformuliert.

Deutschland ist (wie) ..., weil ...

Indonesien ist (wie) ..., weil ...

Weißt du, wer ich bin?

Auszug aus einem Flyer der Arbeitsgemeinschaft Christlicher Kirchen in Deutschland (ACK) gemeinsam mit dem Zentralrat der Juden in Deutschland und vier muslimischen Verbänden (Zentralrat der Muslime in Deutschland, Türkisch Islamische Union [DITIB], Islamrat für die Bundesrepublik Deutschland und Verband Islamischer Kulturzentren):

5

Projekt:
„Zuerst Mensch – In Musik vereint:
3. Inter-Religiöses Friedenskonzert"

Am Sonntag, dem 17. September 2017, fand das 3. Interreligiöse Friedenskonzert in der Kreuzkirche Dresden unter dem Motto „Zuerst Mensch – in Musik vereint" mit über 200 Mitwirkenden statt. Künstler aus verschiedenen Kulturen und mit ganz unterschiedlichen religiösen Wurzeln zeigten durch das gemeinsame Musizieren, dass Unterschiede das Leben bereichern und dass wir vor allem Menschen und erst danach Teil einer Glaubens- oder Denkrichtung sind.

© Sebastian Römisch

Verschiedene sächsische Schulchöre, Musikerinnen und Musiker und Ensembles aus Sachsen, Deutschland und Europa, Mitglieder der Ensembles der Semperoper und des Staatsschauspiels Dresden, das Chorprojekt SingAsylum mit Geflüchteten aus Syrien, Eritrea etc. u. v. a. begeisterten ca. 2.500 Teilnehmende. Veranstalter des Konzertes waren der gemeinnützige Verein BIRD – Bündnis Inter-Religiöses Dresden gemeinsam mit dem Sächsischen Musikrat und dessen Schulchorprojekt SAXONIA CANTAT.

„Der Freund meiner großen Tochter hat üblicherweise sehr radikale Meinungen zum Thema Ausländer, Integration, Flüchtlinge etc. Dieses Konzert hat ein Umdenken bewirkt. Er meinte nach dem Konzert, dass so etwas viel öfter stattfinden sollte […] und noch viel mehr unterschiedliche Kulturen einbezogen werden müssten."
Mitwirkende 3. Inter-Religiöses Friedenskonzert

WEISS✝ DU🕎ER ICH BIN?

Das Projekt der drei großen Religionen für friedliches Zusammenleben in Deutschland

www.weisstduwerichbin.de

© Projekt „Weißt du, wer ich bin?", https://www.oekumene-ack.de/themen/interreligioeser_dialog/projekt-weisst-du-wer-ich-bin

___ **AUFGABEN** ___

1 Erläutert mit möglichst eigenen Worten das Projekt und bezieht in eure Überlegungen auch den Titel des Gesamtprojekts „Weißt du, wer ich bin?" ein.

2 Man könnte solche Projekte für typische „Reiche-Länder-Ideen" halten, die in ärmeren Teilen der Welt niemals funktionieren können. Diskutiert diese Einschätzung und recherchiert anschließend ähnliche Projekte, die in den sogenannten „Entwicklungsländern" stattfanden. Erläutert, ob diese Recherche eure Meinung zur These geändert hat oder nicht.

3 Stellt euch vor, es sei ein Zeitungsartikel über obiges Projekt erschienen. Verfasst einen Leserbrief, in den ihr eure Gedanken aus Aufgabe 2 einfließen lasst.

Indonesien. Religiöse Toleranz auf dem Rückzug

Ein Gedicht auf einer Modenschau führte in Indonesien zu einem Aufruhr. Muslime sahen den Islam beleidigt. Ein symptomatischer Fall: Nicht nur Kulturschaffende, sondern auch Politiker stehen unter Druck
5 islamischer Hardliner. Auf dem Spiel steht die traditionelle religiöse Toleranz des Landes.

Es begann mit einer Modenschau; um die Schönheit und traditionelle Eleganz der indonesischen Mode zu feiern, trug Sukmawati Soekarnoputri bei der Indo-
10 nesian Fashion Week ein Gedicht vor: „Ibu Indonesia", Mutter Indonesien. Das Werk hat die Tochter des Staatsgründers Sukarno schon 2009 verfasst, aber erst jetzt sorgten seine Zeilen für Aufruhr.

> *Ihr geschlungener Haarknoten ist schön, schöner*
> 15 *als dein bedeckender Gesichtsschleier.*
> *Ich kenne die Scharia nicht, aber ich weiß, dass der*
> *Klang von Mutter Indonesiens Hymne wunderschön*
> *ist, viel schöner und bezaubernder als euer Ruf*
> *zum Gebet.*

20 [...] Und damit brach ein Sturm der Empörung über die Dichterin herein, in den sozialen Medien und auch in der realen Welt: Es gab Demonstrationen, muslimische Organisationen erstatteten Anzeige gegen sie, Indonesien hat den nächsten großen Blasphe-
25 mie-Fall – vor einem Jahr war der damalige christliche Gouverneur von Jakarta, Ahok genannt, zu zwei Jahren Gefängnis verurteilt und dann abgewählt worden. Ist das ein Grund zur Besorgnis, dass die einst gerühmte religiöse Toleranz Indonesiens ein Ende hat?

> 30 *Ich würde sagen, ja, der Trend besteht.* " Die junge
> *Indonesierin Jessica hat in der Entwicklungshilfe*
> *gearbeitet, ihre politische Analyse ergibt kein gutes*
> *Bild von der indonesischen Gesellschaft. „Allein in*
> *den sozialen Medien gibt es so viele Gerüchte,*
> 35 *Lügen und Hassnachrichten; es gab immer schon*
> *religiöse Toleranz sowie Intoleranz, aber durch die*
> *sozialen Medien ist es für die Hassprediger so*
> *leicht geworden, Gehör zu finden, über Twitter*
> *oder Whatsapp ihre Lügen zu verbreiten."*

Sie wollte auf keinen Fall den Islam beleidigen, 40 sagt Sukmawati Soekarnoputri, sondern das indonesische Selbstbewusstsein stärken: landestypische Traditionen loben und verteidigen gegen importierte Bräuche der arabischen Welt, wie eben den Gesichtsschleier. So erklärt sich die Gedichtzeile: „Wenn du neue Dinge 45 siehst, bewahre deine eigene natürliche Schönheit". [...] Sie sei schließlich Kulturexpertin und wolle mit ihren Gedichten auch die Perspektive der Indonesier einnehmen, die nichts mit den islamischen Gesetzen zu tun hätten, wie die Bewohner Balis, Ostindonesiens 50 und anderer Regionen. Bisher stellte das kein Problem dar, erklärt Professor Ikrar Nusa Bhakti.

> *Bei uns zählt nicht die ethnische oder religiöse*
> *Zugehörigkeit, sondern die Gründer Indonesiens,*
> *allen voran Sukarno, haben festgelegt, dass* 55
> *die Nationalität zählt, das Indonesische.*

Sukarno, dessen Tochter Sukmawati Soekarnoputri ist. Er hat die Pancasila, die fünf Prinzipien mit ihrer fixierten Toleranz mit festgelegt. Diese „Einheit in Verschiedenheit" hatte im riesigen Staat Indonesien bis- 60 her einen Religionsfrieden garantiert. Das Land mit der größten islamischen Bevölkerung der Welt beherbergt auch viele andere Religionen, am bekanntesten das Beispiel des hinduistischen Bali. Die Insel Sumba etwa ist christlich-animistisch gemischt, dort hat die 65 indonesische Regisseurin Mouly Sourya ihren Film Marlina gedreht, der kürzlich in deutschen Kinos zu sehen war.

> *Indonesien ist zwar zu 80 Prozent muslimisch,*
> *aber zu zwanzig Prozent eben nicht. Es kommt* 70
> *darauf an, wo du bist – das ist Indonesien, diese*
> *Verschiedenheit, wir haben – was, hunderte von*
> *Sprachen, unsere Verschiedenheit ist so wichtig*
> *und wie wir miteinander leben, und die Toleranz –*
> *aber sie nimmt überall auf der Welt ab."* 75

Der Hass und die orchestrierte Wut der islamischen Hardliner scheinen zwar vor allem religiös orientiert, haben aber politische Effekte. [...]

Die lautstarken Proteste gegen den christlichen
80 Gouverneur Jakartas Ahok vor mehr als einem Jahr
waren auch Ausdruck einer Stellvertreterschlacht, wie
die Analystin Jessica erläutert. Es geht um die anste-
hende Präsidentenwahl im kommenden Jahr. Amtsin-
haber Joko Widodo, genannt Jokowi, gehört zu den To-
85 leranten.

*Wir sehen den Aufstieg der Hardliner; die Gouver-
neurswahl nach den Tumulten war ein Schlag für
die Gemäßigten, der erste Verlust für Jokowi.
Denn er hat Ahok unterstützt. Und Prabo, der Her-
90 ausforderer, hat dessen Gegner unterstützt. Das
hat seiner Partei einen Schub gegeben, womög-
lich wollen sie auch die Präsidentenwahl mit
Hardlinern gewinnen.*"

Die Dichterin Sukmawati Soekarnoputri hat sich inzwischen entschuldigt, tränenreich und öffentlich. 95

*Ich verstehe, dass das Gedicht für Konflikte und
Beleidigung gesorgt hat, besonders unter Muslimen, dafür entschuldige ich mich von Herzen.*

Am Ende rief sie noch „Merdeka!" Merdeka, der
Schlachtruf der Indonesier nach Freiheit und Unab- 100
hängigkeit – unabhängig von den niederländischen
Kolonialherren damals, heute muss die Tochter des
Republikgründers damit öffentlich ihr Indonesisch-
Sein demonstrieren. Oder ihre persönliche Unabhän-
gigkeit – von der Meinungskontrolle der islamischen 105
Hardliner.

Merdeka!

© Lena Bodewein, NDR, https://www.deutschlandfunk.de/indonesien-
religioese-toleranz-auf-dem-rueckzug.691.de.html?dram:article_id=417277,
Artikel vom 05.05.2018

— AUFGABEN ——————————————————————————

1 Fasst die Kernaussagen des Textes mit möglichst
eigenen Worten zusammen. Formuliert anschließend einen Satz, der zusammenfasst, was es für
ein Land bedeutet, wenn ein einzelnes Gedicht
derartige politische Wellen schlagen kann.

2 Überlegt euch bzw. recherchiert Fälle bei uns, bei
denen Künstler großen Widerspruch und Verstim-
mung im Zusammenhang mit Religion erzeugt haben. Bewertet diese.

3 Formuliert Chancen und Grenzen von Kunst hinsichtlich politischer bzw. gesellschaftlicher Einflussnahme.

„Superman is Dead".
Mit Punk-Attitüde für Balis Natur

„Superman is Dead" ist die bekannteste Punk-Band in Indonesien. Ihren Ruhm nutzt die Band, um ein Großprojekt zu stoppen, das eine Gefahr für Balis Natur darstellt.

5   Ein Fußballfeld in Singaraja, einer Kleinstadt im Norden Balis. Hier erobern knapp 3000 Jugendliche und Studenten das Spielfeld, um kurze Zeit später frenetisch ihre Helden zu feiern, die Punk-Band „Superman is Dead" (SID). Das Trio auf der Bühne ist schon 10 etliche Jahre im Geschäft. Sie sind Stars in Indonesien, was SID sagt, hat Gewicht und, noch wichtiger, „Superman is Dead" haben eine Mission – den Schutz der Umwelt. Die Mitglieder der Punk-Band aus Kuta tragen T-Shirts, auf denen ein Bagger abgebildet ist, der sich 15 tief in blutgetränkte Erde gräbt. Auch die Worte „Tolak Reklamasi" sind zu lesen, sie bedeuten „Ablehnung der Rückgewinnung". Der Schlagzeuger Jerinx, der Gitarrist und Sänger Bobby Kool und der Bassist Eka Rock sind immer unterwegs, immer auf Tour. Und wie es sich für 20 eine anständige Punk-Band gehört, kämpfen sie gegen das System. Seit inzwischen fünf Jahren bedeutet das, die Speerspitze des „Bali Forum Against Reclamation" (ForBALI) zu sein, einer Bewegung, die sich für den Erhalt von Balis Benoa Bay einsetzt. Dieses 25 verwundbare Ökosystem nahe der Stadt Denpasar ist Heimat für eine große Anzahl Wasserbewohner und vor allem auch für Mangroven. Das Gebiet soll ‚erschlossen' werden. Dagegen wehrt sich die Band. „Polizei und Regierung wollen uns sagen, dass wir dieses und 30 jenes nicht mehr auf der Bühne sagen sollen", sagt Jerinx. „Wir haben deshalb jede Menge Feinde – die Investoren, die Regierung, die Militärs, die Polizei – sie werden nicht einfach so 35 aufgeben."

    In den vergangenen Jahren hat der Süden Balis einen nie dagewesenen Tourismus-Boom erlebt. Damit einher ging allerdings auch eine massive Zu- 40 nahme des Verkehrs, die Infrastruktur der Region wird auf eine harte Probe gestellt und, so sagt es die Band, die Schönheit der Natur hier wird zerstört. „Wir leben in Süd-Bali, einer wunderschönen Gegend, die durch den Tourismus zer- 45 stört wird", sagt SID-Schlagzeuger Jerinx. „Wir sind aufgewachsen mit der Natur und der Spiritualität dieses Ortes. Heute ist das nicht mehr so, alles ist Kunststoff und Industrie, irgendwie falsch." Die Regierung will die Besucherzahlen auf der Insel trotzdem massiv 50 steigern. Von 4,5 Millionen im Jahr heute auf 30 Millionen im Jahr 2029. Die Insel soll auf eine Stufe mit Singapur gestellt werden, wo jährlich bis zu 37 Millionen Besucher ankommen. Und der Schlüssel für das Regierungskonzept ist ein milliardenschweres Projekt in 55 Benoa Bay. Drei Milliarden US-Dollar (2,8 Milliarden Euro) sollen hier investiert werden, angeschoben von den Großentwicklern „PT Tirta Wahana Bali International" (TWBI). TWBI will 700 Hektar Land aus dem Meer gewinnen, das entspricht etwa 75 Prozent der Größe 60 der Bucht. Ein Netzwerk aus zwölf künstlichen Inseln soll so entstehen, mit Luxushäusern, Urlaubsresorts, Einkaufszentren und eventuell auch einer Rennstrecke.

    Die Gegner sagen, dass mit dem Vorstoß heilige hinduistische Orte zerstören würden, darunter Tempel, 65 Bäche und die sogenannten ‚muntig' – kleine Landstücke, die bei Ebbe auftauchen und auf denen Balinesen Opfergaben platzieren.

70 Sie befürchten auch, dass es zu Erosion des Strandes kommen könnte, zu Überschwemmungen und dass Lebensräume in Gefahr sind. Bis 2014 war das Gebiet sogar offiziell ein Schutzgebiet. Allerdings entzog der ehemalige indonesische Präsident Susilo Bambang Yudhoyono diesen Status wieder, um Platz 75 für Entwicklung zu machen.

Und es gibt Stimmen, die sich für eine Entwicklung der Bucht aussprechen. Made Mangku, ein Küstenforscher, glaubt nicht an eine Umweltkatastrophe. „Die Entwicklung wird ökologisch korrekt verlaufen", sagt 80 er. „Mit verantwortungsbewusster Wasser- und Abfallwirtschaft und dem Einsatz grüner Energien." Wieder andere erwarten in dem Projekt neue Impulse für Balis Umwelt und Wirtschaft. Dewaing Sri Putu Gunawati, eine Aktivistin, die das Konzept unterstützt, hofft auf 85 etwa 250 000 neue Arbeitsplätze, weil Menschen für den Bau der Anlagen gebraucht werden. Bali hat mit 1,89 Prozent ohnehin die niedrigste Arbeitslosenrate in ganz Indonesien. „Wir werden aufpassen und dafür sorgen, dass Mangroven angepflanzt werden und 90 auch die lokale Kultur bewahrt wird. Dieses Projekt gehört nicht Einzelnen, es gehört allen Balinesen", sagt sie. Dagegen spricht sich Made Wijaya aus. Sie vertritt die Benoa-Community. „Die Gemeinschaft, und das schließt auch deren Führer mit ein, sprechen sich 95 gegen den Ansatz von TWBI aus. Die Größe des zu kultivierenden Gebiets ist nicht kompatibel mit der Größe der Benoa Bay, es wird eine Menge Probleme verursachen", befürchtet sie. Tatsächlich haben die Einheimischen allen Grund dazu, den großen Versprechungen 100 nicht zu glauben. Sie haben ein missglücktes, anderes Landgewinn-Projekt aus dem Jahr 1994 direkt vor der Haustür. Auch hier, an der Serangan Insel, wurden Jobs versprochen. Aber das Projekt wurde auf halben Wegen wieder abgeblasen, weil es beträchtliche Schäden an Stränden und Riffen verursacht hatte. Die Bevölke- 105 rung Indonesiens ist jung. Viele der 250 Millionen Menschen hier sind sehr aktive Nutzer von sozialen Netzwerken. Und genau auf diese Menschen setzen ForBALI und SID. Die Band selbst hat knapp sechs Millionen Fans bei Facebook. Weil ihr Einfluss so gewaltig 110 ist, hätten die Behörden von ihnen gefordert, das Projekt nicht zu thematisieren, sagt die Band. Die Polizei habe bereits auch ForBALI-Mitglieder festgenommen und befragt. „ForBALI hat mit SID-Fans und einigen Aktivisten angefangen", sagt der SID-Biograf Rudolf 115 Dethu. „Es geht um uns und die Kids. Und SID-Fans gehen auch mal auf die Barrikaden. Das wissen die Behörden und werden es tunlichst vermeiden, etwa Konzerte abzusagen. Wenn SID ihre Fans bitten, aktiv zu werden, dann werden sie das tun." Trotz der Pro- 120 teste will TWBI an den Plänen festhalten, weil es keine rechtliche Grundlage dagegen gibt. Und selbst wenn SID-Fans die Punk-Attitüde leben sollten und sich gegen die Regierung auflehnen, die meisten Balinesen würde doch eher still und unkritisch bleiben, sagt Je- 125 rinx. „Wenn wir etwas sehen, das nicht richtig ist, dann behalten wir das in der Regel für uns", so der Musiker. „Wir reden höchstens im privaten Umfeld darüber. Das halten wir für in Ordnung." Aber das will er ändern. Die Leute sollen aufstehen und etwas ändern. „Wenn wir 130 in einer kleinen Gruppe anfangen, können wir trotzdem die Landgewinnung stoppen?", fragt Jerinx. „Ja, natürlich. Das ist eigentlich sehr einfach."

___ AUFGABEN ___

❶ Erarbeitet die Kernaussagen des Textes.

❷ Die Musikrichtung Punk und ihre Vertreter geben sich oft dezidiert antireligiös. Diskutiert, ob das in einem Land wie Indonesien eher eine Chance oder ein Hindernis ist.

❸ Glaubt ihr, dass es etwas bringt, wenn Prominente sich selbst öffentlichkeitswirksam für manche Projekte einsetzen? Oder ist das eher schädlich für die Sache? Diskutiert.

❹ Recherchiert Berühmtheiten in Deutschland, die sich stark für Frieden, Umwelt oder Menschenrechte einsetzen. Teilt euch in Gruppen auf und informiert die Klasse in kurzen Referaten.

Syrien –
Zerstörung, Tod und Flucht

Steckbrief: Syrien

Syrien liegt im Nahen Osten und umfasst eine Fläche von etwa 185 000 km². Der längste Fluss ist der Euphrat mit gut 2700 km. Die Bevölkerungszahl von ca. 21 Millionen nimmt stetig ab, da seit 2011 Krieg herrscht. Viele Menschen wurden getötet oder sind geflüchtet. Auch die Haupt- und Millionenstadt Damaskus ist von den Zerstörungen betroffen. Nach einer wechselhaften und bewegten Geschichte sowie gescheiterten Plänen für ein groß-
5   arabisches Reich kam es am 17. April 1946 zur Ausrufung der Syrischen Republik, weshalb dieser Tag bis heute der Nationalfeiertag in Syrien ist. 1963 gelangte die Baath-Partei an die Macht, Amin al-Hafiz wurde neues Staatsoberhaupt und der Islam wurde zur Staatsreligion erhoben. Anfang der 70er-Jahre folgte dann Hafiz al-Assad als Staatspräsident, alle bestehenden Parteien wurden zu einer Einheitsfront zusammengefasst. Hafiz al-Assad und seine Familie gehörten der Volksgruppe der Alawiten an, die zu den Schiiten gehört,
10   welchen die sunnitische Bevölkerungsmehrheit in Syrien kritisch gegenübersteht.
Im Jahr 2000 starb dann Hafiz al-Assad, worauf sein Sohn Baschar al-Assad die Macht übernahm. Viele Syrer*innen sahen in ihm einen Hoffnungsträger und glaubten, unter ihm gebe es Reformen im Land sowie wirtschaftlichen Aufschwung und Wohlstand. Doch Baschar al-Assad enttäuschte die in ihn gesetzten Hoffnungen und alle, die es wagten, an ihm und seinem Regierungsapparat Kritik zu üben, mussten mit ernst-
15   haften Konsequenzen rechnen. Infolgedessen kam es dazu, dass die in Tunesien beginnenden Proteste des Arabischen Frühlings 2011 auf Syrien überschwappten und der Ruf nach Demokratisierung und Freiheit auch in Damaskus laut wurde. Baschar al-Assad beantwortete jegliche Proteste allerdings mit brutaler Gewaltanwendung, was den Anfang einer Gewaltspirale bildete, die bis heute einen Konflikt zur Folge hat, der Millionen Menschen das Leben kostete oder sie zur Flucht zwang. Manche sprechen inzwischen gar von ei-
20   nem „Kleinen Weltkrieg", da es in diesem Krieg keineswegs „nur" um syrische Interessen geht, sondern vielmehr eine extrem unübersichtliche Gemengelage unterschiedlichster Interessen und Akteure herrscht. So entstand aus einem Konflikt, in dem u. a. der Kampf gegen die Armut sowie die soziale Ungleichheit im Land und eine konfessionelle Spaltung innerhalb des Islams (sunnitische Bevölkerungsmehrheit vs. Minderheit der schiitischen Alawiten [Regierung]) das Feuer entfachten, schließlich ein Flächenbrand, der durch
25   die Beteiligung Russlands, der Hisbollah sowie des Irans auf Seiten der Regierung und der USA, Israels, Saudi-Arabiens und der Anti-IS-Koalition auf Seiten der Rebellen immer größere Ausmaße angenommen hat. Darüber hinaus haben auch die Türkei in ihrem Kampf gegen die Kurden sowie der Islamische Staat (IS) Interessen, die weit über syrische Angelegenheiten hinausgehen, weshalb die in Medien vielfach verwendete Bezeichnung des „Bürgerkriegs" der tatsächlichen Interessen- und Konfliktlage nicht gerecht wird.
30   Trotz zahlreicher Bemühungen hat die internationale Gemeinschaft bis heute keinen Frieden in Syrien stiften können, sodass das Massensterben und der Niedergang und Verfall Syriens immer weiter voranschreiten – eines Landes, in welchem es unzählige Sehenswürdigkeiten und Kulturschätze gab, weshalb der Tourismus auch einen wichtigen Wirtschaftsfaktor darstellte. Doch dies ist nun Geschichte – genauso wie das gut ausgebaute Bildungssystem und damit die Perspektiven für die Menschen im eigenen Land.

AUFGABEN

❶ Erarbeitet aus dem Text die zentralen Inhalte über Syrien.

❷ Vergleicht die Geschichte und aktuelle Situation in Syrien mit eurem Heimatland und stellt sie in einer Tabelle gegenüber.

Krieg in Syrien – eine Annäherung

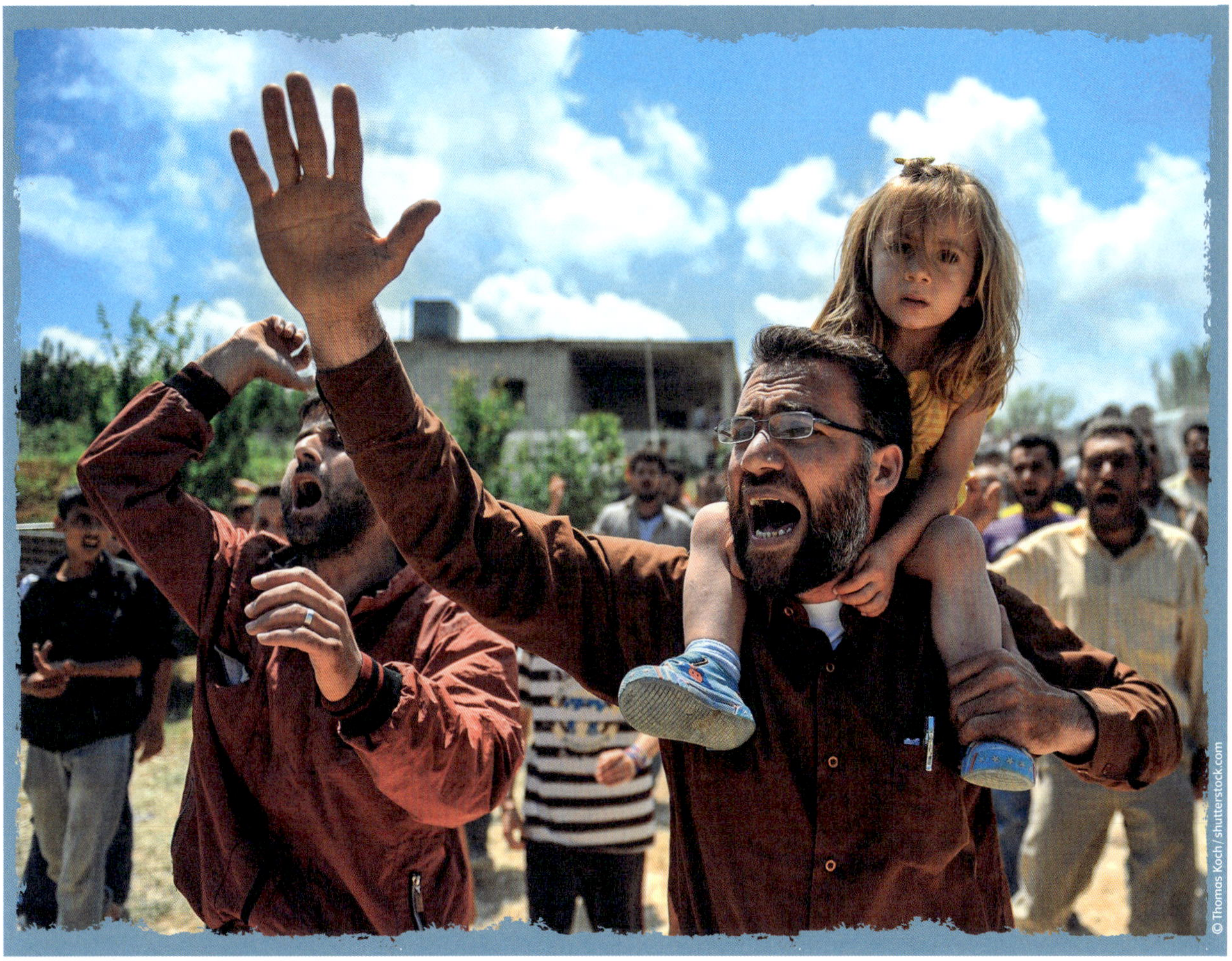

AUFGABEN

1 Tauscht euch untereinander über die Wirkung des Fotos aus und beschreibt eure Gedanken, Gefühle und Empfindungen genau.

2 Erläutert anhand des Fotos und eurer Wahrnehmung von Fernseh- und Zeitungsberichten die Bedeutung der medialen Berichterstattung im syrischen Konflikt und thematisiert kritisch die Frage der Neutralität und Objektivität der Medien.

3 Erstellt im Anschluss an eine Recherchearbeit ein Schaubild zu Ursachen, Anlass, Konfliktgegenständen, Verlauf und (bisherigen) Folgen des Konflikts in Syrien und geht hierbei insbesondere auch auf

die Rolle des Westens und Russlands ein. Sehenswert ist das folgende Video: https://www.youtube.com/watch?v=YPpmeLjUTSM – alternativ könnt ihr auch einfach den QR-Code® einscannen.

Flucht und Vertreibung

Der 18-jährige Wahid blickt auf die Stadt bzw. vielmehr darauf, was von Aleppo übrig geblieben ist. Wo jetzt Schutt und Asche liegen, blühte einst das Leben. Wunderschön war sie, seine Stadt. Doch das ist jetzt Geschichte.

Wahid weiß nicht, wie es weitergehen soll. Sein größerer Bruder hat sich den Rebellen angeschlossen, seit
5 Wochen hat er nichts mehr von ihm gehört. Ob er noch lebt, ist ungewiss. Nachts reißen Wahid die laut aufheulenden Sirenen aus dem Schlaf, und falls er doch einmal schläft, wird er von Alpträumen geplagt.

Trauer, Angst und Furcht prägen Wahids Alltag. Da gibt es nur wenige Momente des Glücks. Glücklich ist er eigentlich nur, wenn er an Alia denkt. Seit der Schule kennt er das Mädchen, das schönste Mädchen Aleppos. Er empfindet tiefe Gefühle für sie. Mit ihr will er eine Familie gründen, Kinder bekommen und ge-
10 meinsam alt und glücklich werden.

Vor einigen Tagen hat er Alia davon erzählt, dass er gemeinsam mit ihr das Land verlassen möchte, fliehen möchte, nach Europa. Irgendwohin, wo sie eine Zukunft haben, sich gemeinsam ein neues Leben aufbauen können. Doch Alia schüttelte nur den Kopf. Sie könne ihre Familie nicht im Stich lassen, meinte sie. Außerdem wolle sie mithelfen, die Stadt wiederaufzubauen. Vielleicht werde sie einmal Medizin studieren, Ärztin
15 werden und dann käme es auf sie an, auf junge Menschen wie Alia und Wahid, ohne die Syrien dann keinerlei Zukunft hätte.

Seine Eltern unterstützen seine Fluchtpläne. Sie meinten, dass hier allein der Tod auf ihn warte. In Aleppo gebe es keine Zukunft für ihn. Doch gibt es die, wenn er flieht? Was soll er machen, in einem fremden Land, in dem er nicht einmal die Sprache versteht bzw. spricht?

20 Wahid ist ratlos. Was soll er tun?

AUFGABEN

1 Erstellt eine Mindmap, in welcher ihr verschiedene Anlässe, Gründe und Ursachen zusammentragt, die dazu führen, dass Menschen ihr Heimatland verlassen müssen.

2 Lest den Text über den 18-jährigen Wahid und diskutiert im Anschluss zunächst in Partner- und schließlich in Gruppenarbeit, ob er Syrien verlassen oder dort bleiben soll. Für den Fall, dass er sich dazu entschließt, seine Heimat zu verlassen, überlegt euch auch, wohin er dann gehen soll.

Die Deutschen und die sogenannte Flüchtlingskrise

Schüler*innen der 9. Klasse haben in der Fußgängerzone einige Personen nach ihrer Meinung zu Flüchtlingen befragt. Hier die Aussagen:[1]

Ich bin klar dagegen, dass immer mehr Menschen nach Deutschland kommen. Schließlich haben wir selbst schon genug Probleme in unserem Land. Außerdem kommen viele arme Leute. Entweder werden die dann kriminell, falls sie es nicht ohnehin schon sind, oder sie liegen uns auf der Tasche. Denn eins ist ja wohl klar: Die Flüchtlinge kosten uns viel Geld.

Agathe Alshammer

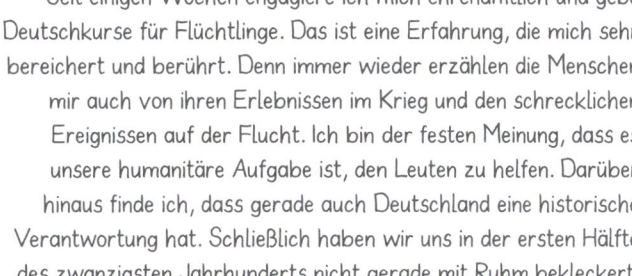

Seit einigen Wochen engagiere ich mich ehrenamtlich und gebe Deutschkurse für Flüchtlinge. Das ist eine Erfahrung, die mich sehr bereichert und berührt. Denn immer wieder erzählen die Menschen mir auch von ihren Erlebnissen im Krieg und den schrecklichen Ereignissen auf der Flucht. Ich bin der festen Meinung, dass es unsere humanitäre Aufgabe ist, den Leuten zu helfen. Darüber hinaus finde ich, dass gerade auch Deutschland eine historische Verantwortung hat. Schließlich haben wir uns in der ersten Hälfte des zwanzigsten Jahrhunderts nicht gerade mit Ruhm bekleckert.

Cecilia Crohn

Laura Laufer

Ich kenne einige Zugewanderte und finde, dass sie unser Land bunter machen. Außerdem ist eine multikulturelle Gesellschaft doch total interessant. Schließlich können wir von den Sitten, Bräuchen und der Lebenseinstellung von Menschen aus anderen Ländern bzw. Kulturkreisen sicher einiges lernen. Das fängt doch bereits in der Küche an! Vor 60 Jahren war zum Beispiel die Pizza in Deutschland noch weitgehend unbekannt. Erst durch die italienischen Gastarbeiter*innen gelangte die italienische Küche nach Deutschland – und auf die möchte ich heute ganz sicher nicht verzichten. Apropos Gastarbeiter*innen: In den 60er-Jahren gab es in Deutschland das sogenannte Wirtschaftswunder, Deutschland blühte nach den schrecklichen Erfahrungen des Zweiten Weltkrieges endlich wieder auf. Ich habe gelesen, dass das ohne die vielen Arbeiter*innen, die zum Beispiel aus der Türkei, Italien, Marokko und Griechenland angeworben wurden und zu uns kamen, gar nicht möglich gewesen wäre.

Deutschland wird immer älter, außerdem fehlen uns viele Fachkräfte. Wenn wir jetzt Geld in die Aus- und Weiterbildung der Flüchtlinge investieren, dann wird sich das später auszahlen. Schließlich möchte ich später auch meine Rente bekommen. Ich finde, dass die vielen Flüchtlinge gut integriert werden müssen, denn dann werden sie unserem Land helfen.

Richard Reuter

Die Zuwanderung führt nur zu Unruhe. Konflikte mit Einheimischen und Probleme in den Schulen sind da doch vorprogrammiert. Außerdem werden dadurch unsere sozialen Sicherungssysteme belastet und ich bin mir sicher, dass in Zukunft auch die Steuern erhöht werden müssen. Denn wie soll das denn sonst finanziert werden? Schließlich helfen uns die anderen EU-Länder ja auch nicht, wir sind doch auf uns allein gestellt. Schaut euch doch mal an, wie viele Asylbewerber*innen es in den anderen europäischen Ländern im Vergleich zu Deutschland gibt!

Zacharias Zaiser

---
[1] Fiktive Personen und Aussagen

AUFGABEN

1 Diskutiert in Partnerarbeit die Aussagen der fünf Personen. Welchen Sichtweisen könnt ihr zustimmen, welchen nicht? Begründet eure Meinung.

2 Verfasst nun einen Kommentar für eure Lokalzeitung zum Thema „Chancen und Probleme der Zuwanderung für Deutschland".

Rafik Schami:
Sami und der Wunsch nach Freiheit

© Heike Huslage-Koch / wikimedia (CC BY-SA 4.0)

Rafik Schami wurde 1946 in Damaskus unter dem bürgerlichen Namen Suheil Fadel geboren. Das Pseudonym, unter welchem er heute bekannt ist, bedeutet „Damaszener Freund". Der syrisch-deutsche Schriftstel-
5 ler studierte zunächst Chemie, Mathematik und Physik in Damaskus, beschäftigte sich aber schon in jungen Jahren mit Literatur und gründete eine Wandzeitung, die schnell ins Visier der syrischen Zensur geriet. Aufgrund staatlicher Repressalien floh er 1970 in den Liba-
10 non und im Folgejahr in die Bundesrepublik Deutschland. Heute ist er einer der erfolgreichsten deutschen Gegenwartsautoren und verarbeitet in seinen vielfach preisgekrönten Werken vor allem auch das Leben von nach Deutschland Migrierten.

Sein neuester Roman „Sami und der Wunsch nach 15 Freiheit" dreht sich um die beiden Freunde Sami und Scharif, die in den Gassen von Damaskus allerlei Abenteuer erleben. Mit dem Ausbruch des Konflikts in Syrien verändert sich ihr Leben allerdings schlagartig.

1.
Scharif
oder
Wie man durch Zufall zu Geschichten kommt

20 Scharif habe ich zufällig kennengelernt. Ich war mit meiner Frau bei einem befreundeten Ehepaar zum Essen eingeladen. Sie wohnen in einer kleinen Stadt in unserer Nähe. Wir sind mit ihnen seit über zwanzig Jahren befreundet. Sie sind gastfreundliche Menschen.
25 Die Vorstellung, um ihren offenen Kamin zu sitzen und das knisternde Holz zu betrachten, war mir an diesem Tag Grund genug, mich darauf zu freuen. Dienstag, der 11. Dezember 2012, war hier ein eiskalter Tag, die Wettervorhersage versprach Schlimmeres, es werde in der
30 Nacht noch frostiger und das Wochenende werde regnerisch sein. Das Ehepaar, beide Mitte sechzig, war kinderlos. Klaus war nach dreißig Jahren Arbeit als Chemiker bei einem großen Konzern seit drei Jahren Rentner. Franziska war bis zu ihrer Pensionierung vor
35 einem Jahr eine leidenschaftliche Lehrerin. Beide langweilten sich nie. Wir scherzten oft, dass sie, seitdem sie Rentner waren, kaum noch Zeit hatten. Und an diesem Abend saß auf einmal der blasse junge Mann im Wohnzimmer. „Scharif Surur", stellte ihn Franziska vor,
40 „ein Syrer. Er will Musiker werden und kann gut Englisch, aber er lernt auch schon fleißig Deutsch und

bringt uns ein paar arabische Höflichkeitsfloskeln bei." Klaus lachte. „Und er hat seit heute keine Angst mehr vor unserem Hund!", fügte er ironisch hinzu, um auf meine ewige unbegründete Angst vor Hunden anzu- 45 spielen. Die Hunde sind ja in Deutschland alle lieb und wollen nur spielen. Nur ich glaube das nicht, weil ich als Kind zweimal von Hunden gebissen wurde. „Ich habe zu viel Respekt, um mit eurem Argos zu spielen", war meine etwas unglaubwürdige Standardantwort. 50

Ich grüßte den jungen Mann auf Arabisch und wir unterhielten uns eine Weile. Scharif hatte bis zu seiner Flucht im christlichen Viertel von Damaskus gelebt. Seine Gasse war nicht einmal fünfhundert Meter von unserem Haus entfernt. Er kannte meine Familie nicht, 55 dafür aber unsere Bäckerei.

Im Jahre 2012 waren noch nicht viele Flüchtlinge nach Europa gelangt. Scharif musste schon damals die Flucht ergreifen, denn er wurde gesucht wegen seiner 60 Aktivitäten in einem Komitee, das Demonstrationen über soziale Medien wie Facebook und Twitter koordinierte und einen Online-Blog herausgab, der den Auf-

stand begleitete. Sie waren immer schneller als der
65 Geheimdienst gewesen, sodass die Gegenangriffe von
Polizei und Armee ins Leere liefen. „Aber dann bekam
der Geheimdienst modernste Geräte und Programme,
die innerhalb von Minuten reagierten und das Zentrum der Datenverbreitung erkannten, und umzingelte
70 kurz darauf das Haus", erzählte er leise. Er entkam
mehrmals in letzter Sekunde. Sein Weg nach Deutschland war ein lebensgefährliches Abenteuer. Im Oktober
2011 flüchtete er aus Damaskus über Umwege in die
Türkei und von dort über mehrere Länder bis nach
75 Deutschland. Weite Strecken musste er zu Fuß zurücklegen, in Wäldern schlafen, fast verhungert um Essen
betteln und immer weiter Richtung Norden gehen. Er
hatte nur einen kleinen billigen Kompass, und der sei,
wie er sagte, sein Navigator gewesen. Unterwegs
80 wurde er mehrmals ausgeraubt und geschlagen, auch
davon erzählte er, und lachte sogar dabei, als er von
einem Albaner berichtete, der ihn in Österreich über-
fiel und nichts fand, was er rauben konnte. Er ver-
fluchte den auf dem Boden liegenden Syrer und ging.
85 Den billigen Kompass warf der Mann weg. Scharif
stand auf und steckte den kleinen Kompass in seine
Tasche, nachdem er ihn geküsst hatte, als wäre er eine
Ikone, die man um Verzeihung für die grobe Behandlung bittet. Der Albaner kehrte aber nach einer Weile
90 mit Eiern und Kartoffeln zurück. Sie machten ein Feuer
und genossen gemeinsam die gekochten Eier und
Kartoffeln.

Im Mai kam Scharif in Deutschland an. Nach drei
Monaten Wartezeit bekam er Asyl in der Pfalz. Da
95 hatte er bereits den ersten Deutschkurs erfolgreich
abgeschlossen. Durch Zufall lernte er Klaus und Franziska kennen. Beide sind gläubige Protestanten, und
Scharif, der, wie ich, der katholischen Minderheit in
Syrien angehört, war zum ersten Mal in seinem Leben
100 in einer evangelischen Kirche und wunderte sich, dass
die Kirche ohne Bilder und Figuren so karg und „nackt"
sei, wie er sich ausdrückte. Weit und breit sah er keinen
Beichtstuhl und der Gottesdienst kam ihm ziemlich
nüchtern vor. Und kein Weihrauch! Klaus und Franziska
105 mussten lachen, als er sie auf Englisch fragte, ob die
Bilder gerade restauriert würden und die Kirche so

arm sei, dass sie nicht einmal Weihrauch kaufen
konnte. In Syrien gehört die Mehrheit der Christen
entweder der katholischen oder der orthodoxen Kirche
an. In einem nahe gelegenen Café unterhielten sie 110
sich lange mit ihm, und weil sie ihn sehr sympathisch
fanden, trafen sie sich mit ihm bald täglich. Bis dahin
hatte er in einem kleinen Zimmer in einem herunter-
gekommenen Hochhaus im sogenannten „sozialen
Brennpunkt" der kleinen pfälzischen Stadt gelebt. 115
Nach einem Monat stand ihr Entschluss fest: Scharif
sollte in ihrem weitläufigen Landhaus die Einlieger-
wohnung beziehen. Und Franziska begleitete ihn bei
seinem Deutschkurs.

Damit entkam Scharif seiner Einsamkeit und Taten- 120
losigkeit, unter der er am Anfang sehr gelitten hatte.
Er half im Garten und im Haushalt und freute sich,
Franziska zur Hand zu gehen und bei ihr das Kochen zu
lernen. Von Klaus lernte er als unerfahrener Städter
die Kunst, einen Garten schön zu halten. Scharif war 125
eher schüchtern und äußerst höflich. Er hörte genau zu
und war sehr neugierig auf das Leben in Deutschland.
Merkwürdigerweise war er sehr interessiert an meiner
Arbeit als Schriftsteller und stellte viele Fragen nach
dem Leben eines Künstlers im Exil. Er wünschte sich 130
meine Bücher auf Arabisch. Ein paar Tage darauf
schenkte ich sie ihm. Franziska sagte mir später, er
lese fieberhaft, jeden Tag bis spät in die Nacht und
manchmal sogar, bis der Morgen dämmerte. Da ich
auf einer großen Lesetour war, sah ich ihn nicht mehr, 135
und fast hätte ich ihn vergessen. Eines Tages tauchte
eine arabische E-Mail auf. Absender: Scharif Surur.

*Ich habe gerade die arabische Übersetzung von Eine
Hand voller Sterne zu Ende gelesen. Vielleicht interessiert
Dich die Geschichte meines Freundes Sami. Und vor al-* 140
*lem die Geschichte seiner Narben. Was dieser Junge
durchgemacht hat, ist unglaublich. Aber wenn du keine
Zeit hast, macht das nichts. Ich kann warten. Der
Deutschkurs läuft klasse. Franziska und Klaus sind meine
Schutzengel.* 145

Herzliche Grüße, Scharif

AUFGABEN

1 Lest den vorliegenden Beginn des Romans „Sami und der Wunsch nach Freiheit" von Rafik Schami.

2 Erstellt eine stichpunktartige Liste, was Scharif seit seiner Flucht aus Damaskus erlebt hat.

3 Charakterisiert Klaus und Franziska und diskutiert darüber, ob es selbstverständlich ist, wie sie sich seit Scharifs Erscheinen in Deutschland verhalten.

4 „Was dieser Junge durchgemacht hat, ist unglaublich." Stellt Vermutungen an, was Sami erlebt haben könnte, und spekuliert, wie der Roman weitergehen könnte.

5 Vorschlag für den fächerübergreifenden Unterricht mit dem Fach Deutsch:
- Lest Rafik Schamis Roman „Sami und der Wunsch nach Freiheit".
- Legt eine Lesekiste an. Nehmt hierfür einen Schuhkarton zur Hand, den ihr auf den Außenwänden thematisch passend bemalt oder mit Zeitungsschnipseln oder Bildern collagenartig gestaltet. Sucht dann für jedes Kapitel einen passenden Gegenstand und legt ihn in die Kiste. Solltet ihr für ein Kapitel keinen Gegenstand finden, könnt ihr z. B. auch ein kleines Bild davon malen.

© Liderina/shutterstock.com

„Jiyan Foundation for Human Rights"[1]

Die Jiyan Foundation

> *"One of my big wishes is to go back home and to rebuild our house"*
>
> *Girl from Sharia Camp, Duhok*

#SINJA

www.jiyan-foundation.org
/jiyanfoundation

© Jiyan Foundation for Human Rights e.V.

--- AUFGABEN ---

1 Stellt Vermutungen über die Vergangenheit und Kindheit des Mädchens auf dem Bild an.	

überstaatliche Bündnisse	
Regierungen einzelner Staaten (Deutschland und die am Syrien-Krieg beteiligten Länder)	
deutsche Entwicklungszusammenarbeit auf staatlicher Ebene (z. B. durch das BMZ und die GIZ)	
deutsche Entwicklungszusammenarbeit durch Nichtregierungsorganisationen	
Zivilgesellschaft und Basisinitiativen	
Engagement von Einzelpersonen	

2 Diskutiert darüber, wer dem Mädchen dabei helfen könnte, dass der geäußerte Wunsch in Erfüllung geht.

3 Überlegt genau, welche Maßnahmen zur Umsetzung des Wunsches getroffen werden müssten. Entwickelt in Form eines Brainstormings verschiedene Maßnahmen und bezieht hierbei die Akteure aus der Tabelle ein.

---

[1] Die „Jiyan Foundation for Human Rights" ist im Nordirak ansässig und arbeitet auch mit traumatisierten syrischen Geflüchteten. Eine detaillierte Projektbeschreibung ist auf www.misereor.de/schulwettbewerb zu finden.

Zwischen Trauma und Hoffnung: die Arbeit der Jiyan Foundation

Eigendarstellung der Arbeit der Jiyan Foundation

Die Jiyan Foundation bietet Überlebenden und ihren Familien Maßnahmen zur körperlichen Rehabilitation,
5 zur Förderung ihres seelischen Wohlergehens und zur gesellschaftlichen Reintegration an. Sie stellt medizinische Versorgung, psychotherapeutische Behandlung und Rechtsberatung bereit, die den sozialen Verhältnissen der Betroffenen Rechnung trägt. Darüber hin-
10 aus versuchen wir, Opfer von Menschenrechtsverletzungen vor weiteren Übergriffen zu schützen und künftige Gewalttaten einzudämmen – durch Aus- und Weiterbildung, spezielle Menschenrechtsbildung, Aufklärungsarbeit oder politische Einflussnahme. Wir bie-
15 ten Hilfe in sechs thematischen Schwerpunktbereichen an:
- Programm für Opfer von Folter und Gewalt
- Programm für Überlebende von Völkermord und ethnischer Verfolgung
20 - Programm für Flüchtlinge und Minderheiten
- Programm für Frauen und Mädchen
- Programm für Kinder und Jugendliche
- Programm für Demokratie und Zivilgesellschaft

Dieses breite Spektrum an Programmen spiegelt
25 unseren ganzheitlichen Ansatz wider. Wir stützen uns auf die Erfahrung, dass in Gesellschaften, die von Unterdrückung und Gewalt geprägt waren, Wiedergutmachung für betroffene Individuen, Familien oder Gruppen grundlegend für den Aufbau einer friedlichen Zivilgesellschaft ist.
30

Die Jiyan Foundation ist bestrebt, Traumatherapie und psychosoziale Betreuung anzubieten, die hohen Qualitätsstandards entspricht. Gleichzeitig wollen wir Strukturen vor Ort stärken. Daher arbeiten wir ausschließlich mit lokalen Fachkräften, die regelmäßig an
35 Fortbildungen und Seminaren teilnehmen. Unsere hochqualifizierten MitarbeiterInnen können Untersuchungen und therapeutische Maßnahmen anbieten, die dem kulturellen Hintergrund der Patienten entsprechen. Sie behandeln unsere Klienten nicht als
40 stigmatisierte „Opfer", sondern begrüßen konstruktive Kritik und ermutigen zur aktiven Beteiligung am Genesungsprozess.

Die Programme der Jiyan Foundation werden von einem jungen Team aus mehr als 140 mehrsprachigen
45 Fachkräften getragen. Zu unserem Personal im Irak zählen Ärzte, Psychiater, Psychotherapeuten und Sozialarbeiter ebenso wie Pädagogen, Rechtsanwälte, Forscher und Projektleiter. Unser Ziel ist es, mindestens 40 Prozent Frauen zu beschäftigen. Alle unsere Mitar-
50 beiterInnen müssen eine „unbelastete" Biographie vorweisen; sie dürfen weder in der Vergangenheit noch aktuell in Menschenrechtsverletzungen verwickelt gewesen sein.

© https://www.jiyan-foundation.org/de/ueber-uns/arbeit

AUFGABEN

1 Erläutert in eigenen Worten die Prinzipien und Arbeit der Jiyan Foundation.

2 Arbeitet in sechs Gruppen. Jede Gruppe übernimmt einen der sechs Schwerpunktbereiche aus dem Programm (s. Text oben). Informiert euch auf der Homepage der Jiyan Foundation genauer zu eurem Schwerpunktbereich und gestaltet dazu ein informatives und übersichtliches Lernplakat.

Zwischen Trauma und Hoffnung: Basmas Schicksal

Im folgenden Text berichten Mitglieder der Jiyan Foundation über das Schicksal von Basma (20). Im Sommer 2014 wurde sie als eine von ca. 5 000 Frauen und Mädchen sowie Kindern von IS-Kämpfern entführt:

"

Basma und ihre Familie sind JesidInnen. Im Jahr 2014 griffen IS-Kämpfer ihr Dorf an, trieben gewaltsam
5 die Frauen und Kinder zusammen und entführten sie nach Mossul. Basma und die anderen jungen Frauen wurden später nach Syrien gebracht, wo die bewaffneten Kämpfer jedes Mädchen für bis zu 15 000 US-Dollar verkauften. Basma, ihre Schwester und vier weitere
10 junge Frauen wurden an einen Mann verkauft, der sie zwang, für ihn zu putzen und zu kochen. Er und andere Männer vergewaltigten die jungen Frauen wiederholt. Und auch sonst misshandelte und missbrauchte er sie, zum Beispiel indem er sie schlug und mit einem Gürtel
15 auspeitschte.

Es gelang Basma und ihrer Schwester, ihren Bruder anzurufen, der die beiden Frauen für 6000 US-Dollar durch einen Zwischenhändler freikaufen ließ. Zurück in Kurdistan-Irak suchten sie die Jiyan Foundation auf.

Als Basma das erste Mal in unsere Sprechstunde 20 kam, zitterte sie stark, weinte viel und fiel immer wieder in Ohnmacht. Sie hatte keinen Appetit, litt unter Schlaflosigkeit und fühlte sich traurig und schwach. Nach mehreren Therapiesitzungen begann sie, sich etwas wohler zu fühlen. Sie fing an, es als hilfreich zu 25 empfinden, einen sicheren Ort zu haben, an dem sie reden und ihre Gefühle zulassen konnte. Sie lernte Entspannungstechniken und ihr Schlaf verbesserte sich.

Unsere PsychologInnen haben Basma und ihre 30 Verwandten ermutigt, gemeinsam eine Familientherapie zu machen. Das wird Basmas Angehörigen helfen, ihren Zustand als Ergebnis von Gewalt und Missbrauch zu verstehen. Basma braucht viel Unterstützung, und sie sollte für das, was ihr passiert ist, weder beschuldigt 35 noch beschämt werden. "

© https://www.jiyan-foundation.org/images/pdf/zwischen-trauma-und-hoffnung

— AUFGABEN

❶ Tauscht euch in Partnerarbeit über Basmas Schicksal aus und macht deutlich, was in euch vorgeht, wenn ihr über Basmas Erlebnisse nachdenkt.

❷ Erläutert, warum es wichtig ist, dass es Organisationen wie die Jiyan Foundation gibt. Diskutiert anschließend aber auch darüber, wo die Grenzen des Einflusses und der Möglichkeiten solcher Hilfsorganisationen liegen.

❸ Entwickelt Möglichkeiten, wie ihr als Einzelne, als Klasse oder Schule Organisationen wie die Jiyan Foundation unterstützen könnt.

Paraguay – mein Land, dein Land, unser Land

Steckbrief: Paraguay

Paraguay umfasst eine Fläche von etwa 400 000 km². Etwa 7 Millionen Menschen leben in dem Land, welches neben Bolivien das einzige in Südamerika ist, das keinen Zugang zum Meer besitzt. Seine Nachbarn sind Brasilien, Bolivien und Argentinien. Die Amtssprachen sind Spanisch und Guaraní, welches auch in den Schulen unterrichtet wird. Die Hauptstadt ist Asunción und der längste Fluss ist der Río Paraguay.

5 Im 16. Jahrhundert eroberte Spanien das Gebiet des heutigen Paraguay und unterdrückte die dort lebende indigene Bevölkerung. Schließlich gründeten die Konquistadoren das Vizekönigreich Peru, zu welchem auch Paraguay gehörte. Die Indigenen mussten oft für die neuen Herren auf deren großen Landgütern arbeiten, zudem starben unzählige von ihnen an Krankheiten, welche die Europäer*innen mit nach Südamerika gebracht hatten. Gegen Ende des 16. Jahrhunderts begann die Ordensgemeinschaft der Jesuiten, die
10 indigene Bevölkerung zu missionieren. In speziellen, großen Siedlungen (sog. Reduktionen) wurden die Ureinwohner*innen zusammengefasst, wo sie einerseits zum christlichen Glauben bekehrt werden sollten, andererseits aber auch Schutz vor den Kolonialherren erhalten sollten. Erst 1767 wurden die Jesuiten vom spanischen König vertrieben und die Reduktionen aufgelöst.

Im Jahr 1811 erlangte Paraguay dann die Unabhängigkeit. Unter dem Diktator José Rodríguez de Francia
15 und seinen Nachfolgern entwickelte sich Paraguay zum wirtschaftlich erfolgreichsten Land in Südamerika. Dies änderte sich jedoch durch den verlorenen Paraguay-Krieg (1865–1870) gegen Uruguay, Argentinien und Brasilien komplett. Bis Mitte des 20. Jahrhunderts war Paraguay von extremer politischer wie auch gesellschaftlicher Instabilität geprägt, Militärputsche waren beinahe an der Tagesordnung.

Dies änderte sich mit der Diktatur Alfredo Stroessners (1954–1989), unter dem unzählige (politische)
20 Gegner*innen, vor allem kommunistische, verfolgt sowie ermordet wurden. Zudem mussten viele Menschen fliehen. Erst im Jahr 1989 wurde Stroessner von Andrés Rodríguez abgelöst, seitdem wird Paraguay wieder demokratisch regiert.

Nichtsdestotrotz gibt es heute viele Probleme in Paraguay. Die politische Landschaft wird von der rechtskonservativen Partei „Partido Colorado" dominiert, unter welcher Korruption und Vetternwirtschaft nur
25 halbherzig bekämpft werden. Darüber hinaus kommt es immer wieder vor, dass sich Eliten des Landes oder nationale bzw. internationale Großkonzerne Land der lokalen Bevölkerung aneignen. Dieser Landraub führt zu einer Landkonzentration in den Händen weniger Personen, sodass die Schere zwischen Arm und Reich immer weiter auseinanderklafft.

--- AUFGABEN ---

1 Erarbeitet aus dem Text die zentralen Inhalte über Paraguay.

2 Stellt Paraguay eurem eigenen Heimatland gegenüber. Wo seht ihr Gemeinsamkeiten, wo Unterschiede?

Die Sojabohne – Freund oder Feind?

— AUFGABEN —

1 Analysiert und interpretiert die Karikatur von Gerhard Mester und geht dabei auch auf die angedeutete Problemstellung ein.

2 Fleischesser, Flexitarier, Pescetarier, Vegetarier, Frutarier oder Veganer? Wie ernährt ihr euch? Wenn euch einer der genannten Begriffe unklar ist, dann recherchiert zunächst, was damit gemeint ist. Tauscht euch im Anschluss über eure Ernährung aus und diskutiert darüber, worin jeweils die Vor- und Nachteile der verschiedenen Ernährungsformen liegen. Haltet eure Ergebnisse stichpunktartig in der Tabelle fest.

	Vorteile	Nachteile
Fleischesser		
Flexitarier		
Pescetarier		
Vegetarier		
Frutarier		
Veganer		

Mein Land, dein Land, unser Land – ein Rollenspiel

AUFGABE

1 Im folgenden **„Runden Tisch"** vertretet ihr die Position der euch zugewiesenen Person. Bildet Fünfergruppen. Setzt euch in eurer Gruppe mit den Meinungen und Forderungen der fiktiven Person zum Thema „Landraub" genau auseinander und ergänzt sie gegebenenfalls durch passende eigene Überlegungen. Jeweils eine Person der Gruppe, die von eurer Lehrkraft ausgewählt wird, übernimmt die Moderation. Überlegt bei der Vorbereitung genau, wie ihr eure Position und Forderungen gegenüber den anderen Teilnehmenden am besten durchsetzen könnt, und denkt bereits im Vorfeld darüber nach, welche Argumente der anderen Parteien wohl auf euch zukommen. Der*die Moderator*in des „Runden Tisches" beschäftigt sich mit allen Rollenkarten, um sich einen genauen Überblick über die Gäste zu verschaffen, stellt diese zu Beginn des Gesprächs kurz vor und bereitet passende Fragen vor, um die einzelnen Gäste gezielt anzusprechen. Besonders wichtig ist, dass der*die Moderator*in den „Runden Tisch" möglichst neutral und sachorientiert leitet und begleitet.

ROLLENKARTE

Alexis Rojas, Kleinbauer (35 Jahre):

Von Kindesbeinen an wohnst du in der Kleinstadt San Juan mit ca. 5000 Einwohnern. Von deinen Eltern hast du ein Stück Land geerbt, das du bewirtschaftest und von dem du dich, deine Frau und eure fünf gemeinsamen Kinder ernähren kannst. Ihr führt ein einfaches, aber glückliches Leben. Durch den Anbau von Gemüse und die Haltung von Vieh könnt ihr euch weitgehend selbst und unabhängig von anderen versorgen.

Vor einigen Wochen kam allerdings ein unsympathischer, aalglatt wirkender Geschäftsmann auf dich zu, der dir dein Land zu einem guten Preis abkaufen wollte. Er erklärte dir, dass er im Auftrag von „Sojafit", einem weltweit agierenden Sojaproduzenten, hier sei und du dieses Angebot unmöglich ausschlagen könntest. Natürlich hast du sofort abgelehnt, da der Grund und Boden ja die Existenzgrundlage deiner Familie darstellen.

*Inzwischen hast du erfahren, dass der Unbekannte im Auftrag eines europäischen Investors, hinter dem ein großer Agrarkonzern steckt, agiert und viele der Kleinbauern*Kleinbäuerinnen in der Umgebung ihr Land bereits verkauft haben. Außerdem hat ein Feuer das Haus und fast die gesamte Ernte deines Nachbarn zerstört – man munkelt, dass es Brandstiftung gewesen sei. Wäre es nicht möglich, dass besagter Investor dahintersteckt? Mit dem Bürgermeister hast du bereits Kontakt aufgenommen, allerdings hat er sehr zurückhaltend reagiert, als du ihm über die Geschehnisse berichtet hast. Du hoffst aber, dass dir Hector Gómez, der Vorsitzende des Verbands der Kleinbauern*Kleinbäuerinnen (movimiento campesino), helfen wird. Er meinte bereits, dass sich alle an einen Tisch setzen sollten, um offen über das Thema zu sprechen.*

ROLLENKARTE

Pablo Capitalini, Chef des Agrarkonzerns „Sojafit" (40 Jahre):

Seit mittlerweile zwei Jahren bist du Chef des Agrarkonzerns „Sojafit". Der Konzern baut Soja an, welches dann entweder zu Tierfutter verarbeitet oder zur Energiegewinnung genutzt wird. Der Fokus eures Unternehmens liegt auf Südamerika: Vor allem in Kolumbien konntet ihr bereits große Flächen erschließen und erfreuliche Gewinne erzielen. Nun wollt ihr euer Betätigungsfeld ausweiten und in Paraguay investieren. In der Kleinstadt San Juan habt ihr bereits zahlreichen Bauern ihr Land abgekauft, sodass große Mengen Soja angebaut werden könnten. Leider möchte ein Bauer, Alexis Rojas, nicht verkaufen – dabei wäre sein Land besonders wichtig, denn nur mit diesem Land entsteht eine große, zusammenhängende Fläche. Bisher habt ihr nur sanften Druck auf ihn ausgeübt, allerdings überlegst du, weitere Mittel einzuleiten. Bei seinem Nachbarn war das schließlich auch von Erfolg gekrönt ...

*Mit dem Bürgermeister stehst du inzwischen auch in gutem Kontakt. In fünf Monaten wird im Ort gewählt und er strebt eine weitere Amtszeit an. Hierfür hast du ihm deine Unterstützung versprochen. Außerdem ist ihm auch klar, dass es eine große Chance ist, wenn „Sojafit" in seinem Ort investiert. Schließlich könnten dadurch Arbeitsplätze entstehen, welche die Region unbedingt benötigt. Ob ihr die anfallenden Arbeiten dann allerdings wirklich durch Menschen aus der Region erledigen lasst, oder doch lieber günstigere Saisonarbeiter*innen einstellt, bleibt noch abzuwarten. Jetzt hat sich allerdings eine zusätzliche Hürde aufgetan. Hector Gómez, der Vorsitzende des Verbands der Kleinbauern*Kleinbäuerinnen (movimiento campesino), hat sich bei einem deiner Angestellten gemeldet. Er möchte alle an einen Tisch bringen und vermitteln. Du hältst ein solches Gespräch für unnötig, Zeit ist schließlich Geld! Es gibt keine Kompromisse, Rojas muss verkaufen, er hat keine andere Wahl.*

ROLLENKARTE

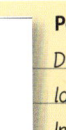

Pedro de la Cruz, Bürgermeister von San Juan (55 Jahre):

Du bist Bürgermeister der Kleinstadt San Juan, in welcher ca. 5 000 Menschen leben. Stadt und Umland sind von kleinen landwirtschaftlichen Betrieben geprägt. Große Industrieunternehmen gibt es bisher nicht. Prinzipiell stehst du jedoch Investitionen von Großkonzernen in San Juan positiv gegenüber, da du dir davon Impulse für die heimische Wirtschaft sowie hohe Steuereinnahmen erhoffst.

Deshalb kommt dir das Angebot von „Sojafit", einem weltweit agierenden großen Agrarkonzern, der in San Juan investieren will, eigentlich gerade recht. Zudem hat dir Pablo Capitalini, der Chef von „Sojafit", zugesagt, dir auch anderweitig „unter die Arme greifen" zu wollen, falls du einmal Hilfe benötigst. Da in fünf Monaten Wahlen stattfinden, wäre eine kleine Finanzspritze durchaus hilfreich …

Allerdings tut sich gerade ein Problem auf: Alexis Rojas, ein stadtbekannter, sturer Kleinbauer, möchte sein Land nicht verkaufen. Eigentlich sollte der doch wissen, dass man sich mit Leuten wie Pablo Capitalini nicht anlegen sollte. Schließlich verfügen die über Mittel und Methoden, mit denen sie immer ihre Ziele erreichen. Das musste auch Rojas` ehemaliger Nachbar erfahren …

*Letzte Woche konntest du Rojas gerade noch mal abwimmeln, als er dich um Unterstützung im Kampf gegen „Sojafit" gebeten hat. Jetzt hat sich zudem aber Hector Gómez, der Vorsitzende des Verbands der Kleinbauern*Kleinbäuerinnen (movimiento campesino), angekündigt: Er möchte, dass sich alle an einen Tisch setzen und eine gemeinsame Lösung finden. Du bist nicht wirklich begeistert, dass dieses Treffen stattfinden wird, siehst aber keine Möglichkeit, es zu verhindern …*

ROLLENKARTE

Hector Gómez, Vorsitzender des Verbands der Kleinbauern*Kleinbäuerinnen (60 Jahre):

*Du bist Vorsitzender des Verbands der Kleinbauern*Kleinbäuerinnen (movimiento campesino), in dem alle Inhaber*innen von landwirtschaftlichen Betrieben aus der Region Mitglied sind. Seit geraumer Zeit verkaufen zahlreiche kleine Landwirtschaftsbetriebe aus San Juan große Flächen an den weltweit agierenden Agrarkonzern „Sojafit", der verspricht, in der Region massiv zu investieren und zahlreiche Arbeitsplätze zu schaffen. Dies seht ihr zweifelsohne als Chance für die Region an, da ihr vor zahlreichen Herausforderungen steht und Modernisierungen in der Landwirtschaft bitter nötig wären.*

*Allerdings ist dir auch zu Ohren gekommen, dass „Sojafit" in Kolumbien vor einigen Jahren ebenso versprochen hat, die Kleinbauern*Kleinbäuerinnen unter verbesserten Rahmenbedingungen weiterzubeschäftigen. Als die allerdings ihre Flächen verkauft hatten, erinnerte sich das Unternehmen nicht mehr an diese Versprechen, sodass zahlreiche kolumbianische Kleinbauern*Kleinbäuerinnen völlig verarmten. Darüber hinaus ist auch davon die Rede, dass „Sojafit" Politiker*innen kaufe, um seine Ziele schnell und unbürokratisch zu erreichen.*

Vor einigen Tagen hat dir nun Alexis Rojas, ein Kleinbauer aus San Juan, erzählt, „Sojafit" würde ihn unter Druck setzen, damit er sein Land verkauft. Der Bürgermeister jedoch sei gar nicht auf seine Ängste eingegangen, als Alexis ihm davon erzählt hatte. In diesem Moment bist du zu dem Entschluss gekommen, dass es das Beste sei, alle Parteien an einen Tisch zu bringen. Außerdem möchtest du dir gerne selbst ein Bild von den Entscheidungsträgern bei „Sojafit" machen, von welchen du schon so viel gehört hast.

Kann Soja töten?

Interview mit Miguel Lovera, Agronom und Ex-Präsident der paraguayischen Saatgutbehörde SENAVE[1].

Wie ist die Soja nach Südamerika
5 **gekommen?**

Miguel Lovera: Im Jahr 2003 schaltete der Schweizer Saatgutkonzern Syngenta eine Werbeanzeige, in der von der „Vereinten Sojarepublik" die Rede war. Das umfasste damals Teile Argentiniens, Brasiliens, Para-
10 guays und Boliviens. Diese Länder hatten Studien zufolge das richtige Klima und die richtigen Böden für den massiven Anbau genmanipulierten Sojas. Diese ist einige Jahre zuvor auf den Markt gekommen, aber noch nicht zugelassen worden. Viele Bauern hatten die
15 Samen aber bereits geschmuggelt und pflanzten sie illegal an. Die Strategie hat funktioniert, die Regierungen legalisierten die genmanipulierte Soja, und sie breitete sich immer mehr aus. Heute wächst Soja am Amazonas und im Chaco, außerdem hat sie sich auch
20 in Uruguay ausgebreitet. Derzeit umfasst die Soja-Republik 80–90 Millionen Hektar. Alleine in Paraguay erwirtschaftet die Soja um die drei Milliarden US-Dollar jährlich.

Wer hat am meisten von dem Geschäft?

25 Der Preis wird an der Lebensmittelbörse in Chicago festgesetzt von den Zwischenhändlern, von multinationalen Konzernen wie Bunge, Cargill, Louis Dreyfuss. Sie machen den größten Gewinn, aber auch bei den lokalen Agraroligarchen bleibt genügend hängen. Vor
30 allem, je größer ihr Anbaugebiet ist. Weitere Nutznießer sind die Samenhändler mit ihrem patentierten, genmanipulierten Saatgut. Also vor allem die Konzerne Monsanto und Syngenta, sowie die Maschinenhersteller, denn bei der Soja geht nichts ohne teure
35 Landmaschinen.

Paraguays Soja geht vor allem nach Europa, wo sie als Viehfutter dient.

Die Konzerne erzählen immer, die Soja rette die Menschheit vor dem Verhungern, aber das ist Quatsch. Die ärmsten Menschen in Paraguay sind Kleinbauern, 40 die just von der Soja vertrieben werden. Soja ist im Prinzip ein Konsumgut, das als Futtermittel indirekt den Hunger der Mittel- und Oberschicht nach Fleisch stillt, vor allem in Asien und Europa.

Welche Folgen sind nach über 15 Jahren 45 Soja in Paraguay zu beobachten?

Entwaldung, Vergiftung und Verarmung der Böden, Verlust der Artenvielfalt, Anstieg von Schädlingen auf den kleinbäuerlichen Betrieben, Zunahme von Gewalt und Menschenrechtsverletzungen, Landraub. 90 Pro- 50 zent all dieser Probleme haben mit der Soja und anderen Agro-Exportgütern zu tun. Paraguay konnte sich bis vor 20 Jahren selbst ernähren, und zwar mit Produkten allererster Qualität. Heute importieren wir drittklassige Lebensmittel aus Argentinien und Brasi- 55 lien. Und statt gesunden Lebensmitteln essen wir industrialisierten Schrott. Das hat Auswirkungen auf die Volksgesundheit. Krebs hat zugenommen, ebenso wie Allergien und Missbildungen bei Tieren und Menschen. Heute haben Schwangere in Paraguay Angst, ob ihr 60 Baby wohl gesund auf die Welt kommen wird. Die Soja wird von der Regierung als Heilsbringer angepriesen, aber sie ist eigentlich eine Katastrophe. Der Gewinn durch die Soja ist virtuell und bleibt nicht in Paraguay. Die Sojaproduzenten und Exporteure zahlen kaum 65 Steuern, und die großen Konzerne bringen die Gewinne ins Ausland. Was in Paraguay bleibt, fließt in den Luxuskonsum der Reichen und in Immobilienspekulation. Der Staat und die Armen haben nichts davon.

---

[1] SENAVE = Servicio Nacional de Calidad y Sanidad Vegetal y de Semillas

Der jetzige Präsident Horacio Cartes[2]
sagte vor brasilianischen Unternehmern:
„braucht und missbraucht Paraguay".
Das sind schon seltsame Worte ...

70

Die Selbsterniedrigung unserer Elite macht mich immer wieder sprachlos. In anderen Ländern kommt
man deshalb wegen Vaterlandsverrats hinter Gitter.
Für Beobachter ist es unerklärlich, wie solche Politiker
hier immer wieder an die Macht kommen. Es hat auch
mit der Geschichte Paraguays zu tun, mit dem Triple-
Allianz-Krieg, der Paraguay zu einer brasilianischen
Kolonie machte. Das Modell hält sich aber auch durch
systematische Unterdrückung Andersdenkender und
durch die kriminelle Komplizenschaft des Auslands.

75

80

Voriges Jahr haben NGOs in Den Haag
Monsanto symbolisch den Prozess ge-
macht. Weshalb ist ein richtiger Prozess
derzeit nicht möglich?

85

Es gibt in den USA, Australien, Sri Lanka oder Argentinien Prozesse gegen Monsanto, aber dabei geht es jeweils um Einzelfälle, um Leute, die an Autismus oder
Krebs erkrankt sind durch den Einsatz von Glyphosat[3].
Aber es geht nicht um das gesamte Modell, so wie in

90

unserem Schauprozess. Es existiert kein politischer
Wille, das Modell auf den Prüfstand zu stellen. Dabei
gäbe es genügend Straftatbestände, zum Beispiel
Umweltzerstörung, Vergiftung, irreführende Werbung,
Vertreibung, Mord. Und jeder der Beteiligten hat daran
mit Schuld, sowohl die Staaten als auch die Groß-
grundbesitzer, als auch die multinationalen Firmen.
Ich sehe aber, dass Monsanto zunehmend in Bedräng-
nis gerät, denn in letzter Zeit argumentiert die Firma
nicht mehr mit der Unschädlichkeit ihrer Produkte,
sondern, dass sie dafür die nötigen Zulassungen hatte,
also sozusagen eine Lizenz zum Verschmutzen. Das ist
die gleiche Strategie, wie sie einst die Tabakindustrie
fuhr. So lange diese Lizenzen bestehen, machen die
Firmen weiter Geld, auch wenn sie wissen, dass ihr
Vorgehen kriminell ist.

95

100

105

Nun plant Bayer, Monsanto zu kaufen.[4]
Was bedeutet das für uns in Deutschland?

110

Bayer hat auch die Verantwortung für dieses kriminelle Geschäftsmodell mit eingekauft, ein Modell, das
auf Mord, Korruption und Lüge basiert und Kritiker
mundtot macht. Ich hoffe, dass die Deutschen sich
dessen bewusst sind und entsprechend Druck aus-
üben, damit diese Praktiken aufhören.

115

© Sandra Weiss, https://blog.misereor.de/2017/04/27/soja-anbau-in-paragu-
ay-schwangere-haben-angst-um-ihr-baby, Artikel vom 27.04.2017

---

[2] Horacio Cartes war Präsident von Paraguay bis zum 15. August 2018.
[3] Glyphosat ist das meistverkaufte Unkrautvernichtungsmittel (= Her-
bizid) der Welt. Es tötet alle Pflanzen, die nicht gentechnisch so
manipuliert wurden, dass sie den Herbizideinsatz überleben.
Laut Forschungen der WHO (= Weltgesundheitsorganisation) ist
Glyphosat mit sehr hoher Wahrscheinlichkeit krebserregend.

---

[4] Bayer kaufte Monsanto im Juni 2018.

AUFGABEN

1 Erläutert, zu welchen Zwecken in Paraguay Soja
angebaut wird.

2 Erarbeitet die verschiedenen Folgen des Sojaanbaus für Paraguay.

3 Setzt euch mit der Frage „Kann Soja töten?" aus
verschiedenen Blickwinkeln auseinander.

4 Recherchiert über den Bayer-Monsanto-Deal und
informiert eure Klasse auch über Probleme durch
die Übernahme.

Juan Baéz

Die Indígenas nennen ihn „Blitz", weil er sie vor heran-
nahendem Unbill warnt, ganz so wie die Blitze ein
aufziehendes Gewitter ankündigen. Juan Baéz ist ein
Multitalent. Der Agroingenieur der Sozialpastoral
5 spricht nicht nur mehrere Guaraní-Dialekte, sondern
weiß auch, wo und wie welche Pflanze am besten
wächst und wie man Behördenbürokratie umgeht.
Ständig klingelt sein Handy. Wenn es bei den Bauern
und Indígenas in der paraguayischen Provinz Caa-
10 guazú brennt, ist Baéz die erste Anlaufstelle. So agil
und zupackend der sehnige 54jährige wirkt, so stark
kann er sich auch zurücknehmen und abwarten. Denn
er ist stets darauf bedacht, dass die Indígenas ihre eigene Kultur so weit wie möglich bewahren und sich
15 gleichzeitig für innovative Methoden (wie Agroforstwirtschaft oder Fischzucht) öffnen. In dieser Kombination kann es den Gemeinden gelingen, sich dem Druck

der Soja-Monokulturen erfolgreich entgegen zu stellen
und die Ernährungs- und Lebensqualität ihrer Familien
nachhaltig zu verbessern. Davon ist Baéz überzeugt. In 20
den 14 Jahren seiner Arbeit im Auftrag von **MISEREOR**
sind die ökologischen Agroforstmethoden bei 15 Indí-
gena-Gemeinden auf fruchtbaren Boden gefallen.

© Beschreibung Gast zur Fastenaktion 2013, MISEREOR, internes Dokument

--- AUFGABEN ---

1 Erläutert, mit welchen Mitteln Juan Baéz den Indígenas in Paraguay hilft.

2 Informiert euch genauer über „Agroforstwirtschaft" und ermittelt, welche Vor- und Nachteile dieses landwirt-
schaftliche Produktionssystem bietet.

Vorteile	Nachteile

3 Tragt weitere Ideen zusammen, wie Landwirtschaft gestaltet sein müsste, um nachhaltig zu sein.

LATEINAMERIKA

El Salvador – Hilfe, ein Jugendlicher!

Steckbrief: El Salvador

El Salvador grenzt an Guatemala und Honduras und ist mit etwa 21 000 km² das flächenmäßig kleinste Land Mittelamerikas. Im Verhältnis zu seiner Einwohnerzahl von etwa 6,4 Millionen Menschen weist es allerdings die höchste Bevölkerungsdichte Mittelamerikas auf. Die Amtssprache ist Spanisch, die Hauptstadt heißt San Salvador und der längste Fluss ist der Río Lempa.

5 Die einheimische Bevölkerung des heutigen El Salvador wurde im Jahr 1525 von Pedro de Alvarado unterworfen, einem spanischen Eroberer („Konquistador"). Er war es auch, der dem Gebiet den Namen „El Salvador" („Der Erlöser") gab. Damit wurde das Land spanische Kolonie und Teil des Vizekönigreichs Neuspanien, das sich über das gesamte Mittelamerika erstreckte. Etwa 300 Jahre unterlag das Land der spanischen Fremdherrschaft, bis sich die spanischen Provinzen Mittelamerikas im Jahr 1821 für unabhängig erklärten.

10 Ab 1821 war El Salvador dann Mitglied der „Zentralamerikanischen Konföderation" (mit Guatemala, Honduras, Nicaragua und Costa Rica). Rund 20 Jahre später zerbrach die Konföderation und aus ihr gingen unabhängige Staaten hervor, so auch die Republik El Salvador. In diesem Staat teilten sich aber nur wenige einflussreiche und mächtige Familien die Macht (Oligarchie).

Im 20. Jahrhundert wurde das Land durch Militärs beherrscht und die politische Lage war stets instabil. An 15 die Spitze der Widerstandskämpfer, die sich für Gerechtigkeit und Bekämpfung der Armut einsetzten, stellte sich Erzbischof Óscar Romero. Wegen seines Handelns und der Macht seiner Worte wurde er 1980 ermordet. Dies war zugleich der Beginn des Bürgerkriegs in El Salvador, in dessen Folge tausende Menschen starben und hunderttausende fliehen mussten. 1992 wurde schließlich ein Friedensabkommen geschlossen und der Prozess einer Demokratisierung in Gang gesetzt.

20 Tatsächlich „befriedet" ist El Salvador allerdings bis heute nicht. Vielmehr handelt es sich um eines der gewalttätigsten Länder der Welt: Gewalt gehört hier zum Alltag der Menschen und ist beinahe schon zur Normalität geworden. Die Mordrate ist eine der höchsten der Welt. Im Jahr 2017 wurden ca. 3600 Delikte gemeldet. In diesem Zusammenhang stellen die sogenannten „Maras" ein besonders großes Problem dar: Dabei handelt es sich um kriminelle Banden von Kindern und Jugendlichen, die das Land mit Gewalt über-
25 ziehen. Deshalb hegen auch etwa ¾ der jungen El Salvadorianer*innen den Wunsch, das Land zu verlassen, und etwa 100 000 junge Menschen pro Jahr setzen dieses Vorhaben auch um und fliehen gen Norden.

AUFGABEN

❶ Erarbeitet aus dem Text die zentralen Inhalte über El Salvador.

❷ Gestaltet – soweit möglich in eigenen Worten – einen kurzen Text für das Schülerradio, in welchem ihr eure Mitschüler*innen über El Salvador informiert. Sprecht den Text anschließend ein.

Jugendkriminalität – eine Annäherung

AUFGABE

1 Führt zu dem Bild und der Frage „Aus welchen Gründen werden Jugendliche kriminell?" ein **Schreibgespräch** durch:

Arbeitet in Vierergruppen zusammen. Zunächst notieren zwei Gruppenmitglieder ihre spontanen Gedanken zu dem Bild. Dann reichen sie das Blatt an die beiden anderen Gruppenmitglieder weiter:

Sie können entweder einen neuen Aspekt hinzufügen oder zu einem notierten Punkt Stellung nehmen. Dann wird das Blatt wieder zurückgereicht usw., sodass ihr am Schluss ein schriftliches Gespräch bzw. eine Diskussion geführt habt.

Präsentiert eure wichtigsten Ergebnisse und Gedanken anschließend der Klasse.

Jugend ohne Macht

Mit 15 Jahren beenden die meisten El Salvadorianer die Schule. Dann hängen sie in der Luft. Eine Zukunft hat nur, wer Glück hat und an die richtigen Leute gerät. So wie Miguel Vásquez aus San Salvador.

5 Miguel Vásquez hat einen Plan: Der hübsche Junge aus Ciudad Delgado, einem verrufenen Vorort von San Salvador, will Konditor werden, ein Geschäft aufmachen, sein eigener Boss sein. Er ist 14 Jahre alt. Das Lernen fällt ihm leicht, die Lehrer mögen ihn. „Schwuli, Stre-
10 ber", hänselt ihn ein Mitschüler. Er ist größer, kräftiger, tätowiert. Miguel hat keine Chance. „Hier im Viertel zählst du nur, wenn du zu einer Bande gehörst", sagt er. Die Attacken nehmen zu, andere Schüler machen mit. Sie nehmen Miguels Stifte weg, verfolgen ihn auf die
15 Toilette, schubsen und prügeln ihn auf dem Heimweg. Die Lehrer tun so, als bekämen sie nichts mit. Zu Hause hat Miguel niemanden, dem er sich anvertrauen kann. Seine Eltern sind in Drogenhandel und Bandenkriminalität verstrickt und kümmern sich nicht um ihn. Miguel
20 wird von Angehörigen großgezogen, mal vom Großvater, mal von einer Tante. Er glaubt, dass ihn niemand mag und er allen nur zur Last fällt. Dann droht ihm der Peiniger: „Weicheier wie dich brauchen wir hier nicht. Wenn ich dich auf der Straße erwische, bringe ich dich
25 um." Miguel weiß, dass es kein Scherz ist. Der andere gehört der Mara M-18 an, wie die Mara Salvatrucha (MS-13) eine der beiden großen kriminellen Jugendbanden des mittelamerikanischen Landes.
Auf 60 000 schätzen Experten die Zahl der schwer be-
30 waffneten Bandenmitglieder in El Salvador. Sie finanzieren sich aus Schutzgelderpressung, Drogenhandel, Prostitution und liefern sich blutige Gefechte um die Kontrolle ganzer Stadtviertel. Sie nehmen sich, was sie wollen – Alkohol, schöne Mädchen oder Häuser. Wer
35 sich widersetzt oder sie verpfeift, stirbt. Wer ihnen missfällt, muss das Viertel verlassen. 296 000 Salvadorianer sind durch die Gewalt im eigenen Land Vertriebene, knapp 100 000 flüchten jedes Jahr gen Norden und versuchen, in die USA zu kommen.
40 Das alles kennt Miguel. Er weiß, wo in seinem Viertel die Grenze zwischen beiden Banden verläuft, entziffert an die Wände gepinselte Gaunerzinken, mit denen sie sich verständigen. Er erkennt den brummenden Motor der Polizei-Pickups schon aus der Ferne und kann
45 Schüsse aus Pistolen und halbautomatischen Maschinengewehren unterscheiden. Mit Gewalt ist er aufge-

wachsen, obwohl ja eigentlich Frieden herrscht in El Salvador seit Ende des Bürgerkriegs 1992. Doch der steht auf dem Papier und gilt vor allem für die ehemaligen linken Guerrilleros, die heute Politik machen. In 50 den Armenvierteln herrscht weiterhin das Recht des Stärkeren. Die Regierung setzt auf Repression und harte Hand, schickt das Militär auf die Straßen und duldet Todesschwadronen der Polizei und Unternehmer, um das Land von unliebsamen Jugendlichen zu 55 säubern. Miguel steht im Kreuzfeuer. Er muss vor ihnen genauso auf der Hut sein wie vor den Banden.
Die Regierung wird von den USA unterstützt, die Mittelamerika zu einer Gefahr für die nationale Sicherheit abgestempelt haben. Doch die Strategie läuft ins 60 Leere. Sie senkt weder die Armut noch schafft sie Arbeitsplätze oder Perspektiven für Jugendliche. Die Nachkriegsregierungen investierten wenig in Soziales. Es gibt weder genügend Studienplätze an staatlichen Universitäten noch Ausbildungsberufe. Mit 15 Jahren 65 beenden die meisten Salvadorianer die Schule. Dann hängen sie in der Luft. Gut ein Drittel der Jugendlichen zwischen 16 und 29 gehen nach amtlichen Statistiken weder arbeiten noch studieren. Auch Miguel nicht. Er schließt sich zu Hause ein, liegt den ganzen Tag auf 70 dem Sofa mit Videospielen. „Ich merkte, dass etwas nicht in Ordnung war", sagt die Tante, Mari Vásquez. „Er schien jeglichen Lebensmut verloren zu haben, er erlosch vor meinen Augen." Sie überredet ihn, die Schule zu wechseln. Doch der Schulweg führt durch 75 das Gebiet der M-18, und das Ticket für einen Bus kann sich die Familie nicht leisten. Miguel hat Angst. Fußballspielen, mit Freunden draußen abhängen – so etwas gibt es für ihn nicht. Die Straße gehört der Bande. Stattdessen hilft er seinem Onkel in der Autowerkstatt 80 oder seiner Tante in der Bäckerei im Stadtzentrum. Wenn es spät wird, muss er im Laden auf einer alten Matratze schlafen. „Nachts in der Stadt unterwegs zu sein, ist für Jugendliche lebensgefährlich", seufzt seine Tante. Klassenkameraden leihen ihm ihre Bücher und 85 nennen ihm die Hausaufgaben.

Dann lernt Miguel einen Jungen aus dem Nachbarviertel kennen. Sie quatschen, er spendiert Miguel einen Drink. Miguel weiß, dass der andere einer der „Bosse"
90 ist. Aber er hat einen Mentor gefunden und fühlt sich zum ersten Mal im Leben aufgehoben und respektiert. Er eifert ihm nach: Baseballkäppi, ein Ring im Ohr, weite Hosen und ein Schlabbershirt. Der Look der Jugendbanden. Das Abitur macht er mit 18 mit Ach und Krach, weil
95 er es seiner Tante versprochen hat. Immer wieder wird er von der Polizei aufgegriffen. Sein Großvater warnt ihn: „Von den Banden kommt nur Tod und Verderben." Miguel zögert – aber welche Alternative hat er? Ein Studium, selbst an der Fachhochschule für das Kondi-
100 torwesen, kann seine Familie nicht bezahlen. Mit seinem Abiturschnitt und seiner Wohnadresse in einem der verruchtesten Viertel von San Salvador ist er abgestempelt und hat nur eine Chance auf schlecht bezahlte Aushilfsjobs. „Selbst mit einem Diplom und in einem
105 festen Job verdienst du in El Salvador gerade einmal das Nötigste zum Überleben", sagt er. Miguel lässt sich treiben. Seine Verwandten haben wenig Zeit, sich um ihn und seine Probleme zu kümmern. Sie müssen selbst schauen, wie sie das Nötigste zum Überleben heran-
110 schaffen. Eines Tages schleppt ihn eine Cousine mit zu einer Veranstaltung. „Das ist cool, da lernt man spannende Sachen", überredet sie ihn. „Neue Lebenspläne" heißt das Programm. Miguel ist skeptisch. Am Anfang sitzt er breitbeinig am Rand und macht nicht mit, wie
115 sich Animateurin Ingrid Ganuza erinnert: „Ich hielt ihn für einen Spitzel der Bande." Doch dann lässt sich Miguel anstecken von der fröhlichen Stimmung. Er lernt, wie man einen Lebenslauf schreibt, sich für
120 ein Vorstellungsgespräch anzieht, wie man an sich selbst glaubt und nicht gleich beim ersten Hindernis seine Träume aufgibt. Werte, die zerrüttete Familien nicht vermitteln. Dinge, die nicht auf dem
125 mitteln. Dinge, die nicht auf dem

© Helmut Schwarzbach / MISEREOR

Lehrplan der Schulen stehen, weil gute Jobs in El Salvador mehr eine Sache von Beziehungen und Klassenzugehörigkeit sind als von Fähigkeiten. Vor allem aber findet er Lebens-freude, Halt und ein Ziel. „Die Gruppe wurde meine Familie", erzählt er. Als es im Praxis-Modul 130 fünf US-Dollar Startkapital gibt, mit der Aufgabe, daraus eine Geschäftsidee zu entwickeln, erinnert sich Miguel an seinen Jugendtraum. Und entwirft in der Backstube seiner Tante „cake pops" – Brotkrümel im Schokoladenmantel. Sie sind ein Renner. Innerhalb einer Woche verdreifacht er das Kapital. Im Dezember 135 2017, er ist gerade 22 geworden, bekommt er sein Abschluss-Diplom und das T-Shirt, das ihn als „sozialen Transformer" ausweist. Er trägt es gerne. Es demonstriert seine Zugehörigkeit zu einer angesehenen Gruppe 140 und gibt ihm Selbstbewusstsein. Nach dem Kurs bewirbt er sich in einem namhaften Hotel. Miguel besteht die Aufnahmeprüfung und gehört zum Kellnerteam, das bei größeren Veranstaltungen gerufen wird. 45 US-Dollar verdient er im Schnitt pro Woche, den Großteil 145 spart er für die Konditor-Fachhochschule. Miguels Vorbild ist Diego, ebenfalls ein Absolvent von „Neue Lebenspläne", der wie er als Aushilfskellner anfing und heute festangestellter Konditor eines großen Hotels ist. In seiner schwarzen Uniform wirkt Miguel elegant und 150 älter. Konzentriert deckt er runde Tische für ein Mittagessen für eine UN-Delegation. Vor zwei Monaten half er bei einer Hochzeit aus. „Anschließend hat mich der Brautvater beglückwünscht und mir 25 US-Dollar Trinkgeld gegeben", erzählt er stolz. Zehn Dollar hat er für 155 die Schuluniform seines jüngeren Bruders ausgegeben, vom Rest kaufte er sich Deo, Haargel und ein Parfüm. „Jetzt bin ich wer, und so muss ich auch aussehen", sagt er. 160 Den Ohrring hat er abgenommen, die Schlabberhose verschenkt.

© Sandra Weiss, https://blog.misereor.de/2018/ 11/13/jugend-ohne-macht, Artikel vom 13.08.2018

--- AUFGABEN ---

1 Erläutert auf der Grundlage des Textes, warum sich so viele Jugendliche in El Salvador dazu entscheiden, sich einer Mara anzuschließen.

2 Verfasst eine E-Mail an Miguel Vásquez, in der ihr ihm eure persönlichen Gedanken zu seinem Lebensweg mitteilt.

3 Erklärt den Titel des Textes „Jugend ohne Macht" und diskutiert darüber, ob und inwieweit er euch passend erscheint.

Óscar Romero

Dies ist die große Krankheit der heutigen Welt: Nicht lieben können. Überall Egoismus, überall Ausbeutung des Menschen durch den Menschen. Überall Grausamkeit, Folter. Überall Repression, Gewalt. Jesus, wie sehr leidest du heute, wenn du in unserem Land so viel Gewalt siehst!

Die Kirche kann vor diesen wirtschaftlichen, politischen und sozialen Ungerechtigkeiten nicht schweigen. Das ist eine Frage von Leben oder Tod für das Reich Gottes auf der Welt.

Was nützen so schöne Straßen und Flughäfen, so große Hochhäuser, wenn sie doch nur mit dem Blut der Armen gebaut sind, die sie nicht genießen werden?

Gott kann hier nicht entlanggehen, über diese Blutlachen der Folter. Er geht über reine Wege der Hoffnung und Liebe.

© Arzobispado de San Salvador / wikimedia (Public domain)

Wir wollen, dass die Regierung dies ernst nimmt: Wenn die Reformen so von Blut getränkt sind, nützen sie gar nichts. Im Namen Gottes und dieses leidenden Volkes bitte ich euch, flehe ich euch an, befehle ich euch: Stoppt diese Unterdrückung!

Der Hirt muss dort sein, wo das Leid ist.

Arme und Reiche sollen im Sinne des Evangeliums arm werden. Also nicht arm im Sinne der Armut, die durch unsere menschliche Gier entsteht. Sondern im Sinne der Armut, die Loslassen bedeutet, die bedeutet, alles von Gott zu erhoffen, die bedeutet, dem goldenen Kalb den Rücken zu kehren. Und das Glück, etwas zu haben, mit denen zu teilen, die nichts haben.

Wer der Gefahr aus dem Weg gehen will, wird sein Leben verlieren; wer sich aber aus Liebe zu Christus im Dienst an den anderen verschenkt, wird leben wie das Weizenkorn, das nur anscheinend stirbt. Wenn es nicht sterben würde, bliebe es allein.

Zitate aus https://www.misereor.de/fileadmin/publikationen/bausteine-heiligsprechung-2018-oscar-romero.pdf, S. 3

AUFGABE

1 Im Jahr 2018 wurde Óscar Romero heiliggesprochen. Erläutert auf der Basis der Zitate die Gründe hierfür und erstellt eine Charakteristik des Menschen Óscar Romero. Macht dabei auch deutlich, wie und mit welchen Mitteln er den Menschen in seinem von Gewalt geplagten Heimatland El Salvador helfen wollte.

Kolumbien – nach dem Krieg ist vor dem Leben

Steckbrief: Kolumbien

Kolumbien ist etwa 1,14 Millionen km² groß und liegt im Norden von Südamerika. Seine Nachbarn sind Panama, Venezuela, Brasilien, Peru und Ecuador. Mit ca. 50 Millionen Menschen ist es von der Bevölkerungszahl her das zweitgrößte Land Südamerikas. Kolumbien liegt am Äquator und weist als einziges Land in Südamerika Küsten zu beiden Weltmeeren auf. Die Topografie Kolumbiens ist mit den Anden im Zentrum
5 und im Westen, den Küstenregionen im Norden und dem Regenwald im Südosten sehr unterschiedlich. Die größten Flüsse sind der Amazonas und der Orinoco, auch wenn sie nur einen kleineren Teil ihres Verlaufs in Kolumbien nehmen. Bedeutende Städte sind die Hauptstadt Bogotá und weitere Zentren wie Cali oder Medellín, die in der Vergangenheit besonders als Drogenkartellzentren bekannt geworden sind. Heutzutage sind sie als Industrie- und Technologiezentren wichtig – Medellín wurde beispielsweise 2012 vom Wall
10 Street Journal zur innovativsten Stadt der Welt ausgezeichnet.

Die Bevölkerung Kolumbiens ist seit der Kolonialzeit aus der Vermischung von drei Gruppen entstanden, nämlich der indigenen Bevölkerung, den schwarzafrikanischen Sklaven*Sklavinnen und den Spaniern*Spanierinnen, später auch anderen Europäern*Europäerinnen. Rund 85 % der Bevölkerung sehen sich als Nachfahren der angesiedelten Europäer*innen. Knapp 11 % sind Afrokolumbianer*innen, etwas
15 mehr als 3 % gehören einem der 102 indigenen Völker an. Letztere stellen 65 der 69 in Kolumbien gesprochenen Sprachen. In keinem anderen Land Südamerikas gibt es eine vergleichbare Vielfalt indigener Kulturen und Sprachen. Die Amtssprache ist Spanisch, 80 % der Bevölkerung Kolumbiens ist römisch-katholisch.

Das heutige Kolumbien wurde 1499 von den Seefahrern Alonso de Ojeda und dem angeblichen Namensgeber Amerikas, Amerigo Vespucci, bereist. Der Namenspatron des Landes, Christoph Kolumbus, war aller-
20 dings nie im Land. Nach langen Jahren der spanischen Kolonialherrschaft folgte ab 1717 die Zeit des Vizekönigreichs Neugranada mit der Hauptstadt Bogotá, ehe die Bestrebungen nach der vollständigen Unabhängigkeit von Spanien in den Konflikt zwischen 1810 und 1819 mündeten. Simón Bolívar wurde 1821 zum Präsidenten gewählt. Aus der 1863 per Verfassung proklamierten föderalen Republik wurde 1886 der heutige Zentralstaat mit umfangreichen Befugnissen für den Präsidenten.

25 Das 20. Jahrhundert war durch Gewalt geprägt: Die politische Verfolgung der Liberalen durch die konservative Regierung und die Ermordung des liberalen Präsidentschaftskandidaten Gaitán 1948 lösten eine Welle der Gewalt aus, die von Bogotá aus über das ganze Land hereinbrach. In der Folge entstanden verschiedene Guerillabewegungen, von denen insbesondere die 1964 aus liberalen bäuerlichen Selbstverteidigungsgruppen hervorgegangene, später marxistisch orientierte FARC bis in die heutige Zeit eine Rolle
30 spielt. Ab den 1970er-Jahren übernahmen privat finanzierte paramilitärische Milizen in manchen Teilen Kolumbiens die Rolle der Staatsmacht. Seit den 2000er-Jahren wurde mehr oder weniger erfolglos versucht, die paramilitärischen Verbände zu zerschlagen. Kolumbien gilt noch heute als das Land mit den meisten Entführungen und politischen Morden, die Milizen haben daran einen großen Anteil. Mit der FARC-Guerilla konnte 2016 ein Friedensabkommen geschlossen werden.

35 Der damalige Präsident Juan Manuel Santos erhielt dafür den Friedensnobelpreis. Mit dem Rückzug und der Entwaffnung der FARC sowie ihrer Umwandlung in eine politische Partei ist der bewaffnete Konflikt in Kolumbien jedoch keinesfalls beendet: Der Friedensprozess ist seit dem Regierungswechsel 2018 und unter dem neuen Präsidenten Iván Duque ins Stocken geraten, andere bewaffnete Akteure haben sich etabliert, Morde an Personen der Zivilgesellschaft haben bereits seit 2016 wieder enorm zugenommen und
40 2018 musste das Land die höchste Anzahl Binnenvertriebener weltweit verkraften.

AUFGABEN

1 Reduziert die Informationen über Kolumbien auf die fünf für euch wichtigsten Punkte.

Kolumbien ist:

1. _____

_____

2. _____

_____

3. _____

_____

4. _____

_____

5. _____

_____

2 Stellt euch vor, ihr würdet eine Brieffreundschaft oder Chatbekanntschaft mit einem*einer kolumbianischen Jugendlichen anfangen. Was würdet ihr ihm*ihr als Erstes über euch selbst schreiben, nachdem ihr die Informationen aus dem Ländersteckbrief gelesen habt? Formuliert diesen ersten Brief bzw. Chatbeitrag.

Bilder von Kolumbien

___ AUFGABEN ___

1 Notiert zunächst drei Fragen, die euch spontan beim Betrachten der Bilder durch den Kopf gehen.

2 Gleicht eure Eindrücke von den Bildern mit dem ab, was ihr aufgrund des Ländersteckbriefs und eurer Vorkenntnisse von Kolumbien erwartet hattet. Erläutert eure Erkenntnisse.

Frühere Rebellenhochburg in Kolumbien. Ferien im Guerilla-Dorf

[…] Der Tourismus in La Macarena endete, noch bevor er richtig begonnen hatte, und so, wie es für abgelegene Gegenden in Kolumbien typisch war: „Zutritt verboten", stand auf dem Schild, das die Guerilla der Re-
5 volutionären Streitkräfte Kolumbiens (Farc) anno 1987 am Eingang des Nationalparks aufgestellt hatte. Etwas ungewöhnlich die Begründung: „Wir schützen die Natur." Das, sagt ein Funktionär des 7000-Seelen-Dorfes, sei natürlich nur ein Vorwand gewesen. Die Guerilla
10 störte sich vielmehr am unkontrollierten Zugang von Fremden, die den bunten Fluss Caño Cristales sehen wollten und wer weiß was sonst noch im Schilde führten. Fortan errichtete sie in dieser subtropischen Region am Korridor zwischen Anden, Orinoco und
15 Amazonas ihr Reich. Eine Herrschaft, die über ein Vierteljahrhundert dauern sollte, und während der die Rebellen Bürgermeister einsetzten, Straßen bauten, Recht sprachen und die Bauern zum Anbau von Koka anhielten. Unterbrochen von anfangs sporadischen,
20 dann immer häufigeren Gefechten mit dem Militär. […] Doch [dann] schlossen die Farc und die Regierung Frieden, und die ehemalige Rebellenhochburg hat im Tourismus ein neues wirtschaftliches Standbein entdeckt. Schon bevor der Friedensvertrag unterschrieben
25 war, hatten die findigen Bürger Hotels eröffnet, Reiseagenturen eingerichtet und mithilfe ausländischer Berater ein gemeindebasiertes Ökotourismus-Modell auf die Beine gestellt. Ohne Allianz mit den Kooperativen vor Ort kommt niemand in den Nationalpark.

30 Etwas wackelig setzt die kleine Propellermaschine auf der Dschungelpiste von La Macarena auf. Ein Maultierkarren fährt die Koffer in das winzige Terminal, wo jeder ausländische Besucher umgerechnet rund 25 Euro Gemeindesteuer zahlt. Das ist neu, wie
35 Reiseführerin Alejandra Herrera erzählt. Wohin das Geld fließt, lässt sich auf dem wenige Minuten Fußweg entfernten Dorfplatz betrachten. Dort sorgt ein beleuchtetes Kruzifix bei den drumherum radelnden Kindern für Gaudi, außerdem wird gerade der Gehweg
40 gepflastert. […] Die Modernität kommt langsam nach La Macarena. Das macht den Reiz des Ortes aus. Bis voriges Jahr gab es nur wenige Stunden abends Strom aus dem Generator, das Handysignal kam 2006, Internet erst vor ein paar Monaten. Schneller als der Staat
45 waren die Touristen. Vor fünf Jahren, als die Verhand-

lungen mit den Farc begannen, wagten sich die ersten Kolumbianer wieder nach La Macarena. Voriges Jahr waren es bereits 16 000 Besucher, darunter Japaner, Kanadier und Europäer. Die Zahl der Unterkünfte ver-
50 zehnfachte sich von drei auf mittlerweile 30. Sie sind einfach. Warmes Wasser sucht man vergeblich, das Essen ist rustikal. „Dafür bleibt ein Großteil der Einnahmen im Dorf", sagt Catalina Sánchez vom Tourismusverband Procolombia. Der Tourismus wächst seit 2005
55 um 12,2 Prozent jährlich. Schon heute ist er der zweitwichtigste Devisenbringer. Besonders in den vom Bürgerkrieg betroffenen Regionen arbeitet Procolombia am nachhaltigen Tourismus. „In diesen Gegenden hat sich eine besonders hohe Biodiversität erhalten, das
60 macht sie attraktiv zum Beispiel für Vogel- und Schmetterlingskundler oder für Orchideenfans", sagt Sánchez. […] „Der Tourismus ist ein Segen", sagt Rezeptionistin Erika im Hotel La Fuente. „Meine Eltern sind Bauern. Für mich und meine Geschwister gab es
65 früher nur Landwirtschaft oder Krieg", erzählt die 19-Jährige. Beim einen blieb man arm, beim anderen setzte man sein Leben aufs Spiel. Viele Legenden ranken sich um die einstige Rebellenhochburg, die heute so friedlich anmutet. Erzählen möchten vor allem die
70 Ältesten davon wenig. „Journalisten schreiben Blödsinn", ereifert sich Don Emilio, 66 Jahre alt und einer der Pioniere. „Dass der Mann im Restaurant nebenan Koch des Rebellenchefs Mono Jojoy war oder das Gemälde des letzten Abendmahls in der Kirche von der
75 Guerilla in Auftrag gegeben wurde." Emilio preist lieber die Naturschönheiten der Region, die bunten Flüsse, die dank der Alge Macarena clavigera smaragdgrün oder blutrot leuchten, unterbrochen von hellen Sandufern und rundgewaschenen Felsen. […]

80 Alle wissen, dass die Situation kippen kann, durch den Klimawandel, der den nur in der Regenzeit zwischen Juni und November fließenden Fluss austrocknen könnte, oder wenn […] ein Hardliner die Präsidentschaft gewinnt. Der Frieden ist fragil, viele haben
85 ein Interesse daran, dass er scheitert. Tiefer im Dschungel sind noch immer bewaffnete, dissidente Kämpfer der Farc verschanzt, lassen dort nach Gold graben und Koka anbauen, den Grundstoff für Kokain. […]

90   La Macarena hat schon viele kommen und gehen sehen. Den Boom der Leopardenjäger, der Edelhölzer, der Koka, der Rinder. Der Tourismus ist der Erste, der die Natur schützt, statt sie auszubeuten. Deshalb bewirbt Procolombia den Ort gerne als positives Beispiel
95 für den Frieden. Doch gleichzeitig vergab die Regierung in der Pufferzone des Parks und in unmittelbarer Nähe des Flusses Bohrkonzessionen an Erdölfirmen. Der Protest der lokalen Bevölkerung stoppte das Vorhaben zunächst. Wie lange, ist unklar. Fremdenführe-

rin Alejandra zeigt nur 500 Meter vom bunten Fluss 100 entfernt auf eine teerige Lache, die auf natürliche Art aus dem Boden quillt. „Würde hier ein Bohrturm stehen, würde wohl keiner mehr kommen", sagt die 28-Jährige, die wie das halbe Dorf gegen das Vorhaben auf die Straße ging. Es wäre das Ende des Tourismus- 105 projekts und das Ende der Hoffnungen der jungen Leute von La Macarena.

── **AUFGABEN** ──────────────────────────────

1 Beurteilt die touristischen Vorhaben in La Macarena auch im Hinblick auf deren friedensschaffenden Charakter. Findet Vor- und Nachteile des Wandels und bezieht selbst Position.

2 Damit die touristischen Vorhaben zugleich auch ihren friedensschaffenden Charakter bewahren, sollten diese Bemühungen nicht ausbeuterisch ausfallen (s. Aufgabe 1). Leitet also Forderungen an eine touristische Nutzung ab, indem ihr sechs Regeln aufstellt:

Kommst du als Tourist nach La Macarena in Kolumbien, dann:

1. Informiere dich über die Geschichte des Ortes.

2. _____

3. _____

4. _____

5. _____

6. _____

Der Kampf nach dem Kampf

Ein Guerillakämpfer gibt die Waffen ab und zerbricht am normalen Leben. Leider kein Einzelfall im kolumbianischen Versöhnungsprozess.

Angelmiro hatte einen Traum: eine legale Arbeit,
5 ein regelmäßiges Einkommen, sich um seine Familie kümmern. Angelmiro war Guerillero, hatte sich schon als Jugendlicher der FARC angeschlossen. Mehr als 15 Jahre kämpfte er in den Reihen von Kolumbiens größter Guerillagruppe gegen den Staat. Im vergangenen
10 Jahr gab Angelmiro seine Maschinenpistole an die Vereinten Nationen ab. Mit einem Gefühl der Hoffnung, aber auch mit viel Unsicherheit, was die Zukunft bringen werde. Kurz zuvor war er Vater geworden. Seine kleine Tochter Laura-Sarita nannte er „Mädchen
15 des Friedens". Ein Jahr lang habe ich Angelmiro begleitet, regelmäßig in unserem Radiosender über seinen Weg in die kolumbianische Gesellschaft berichtet. Unser letztes Treffen sagte er kurzfristig ab. Er habe mir alles erzählt, was es zu erzählen gebe. Dann brach der
20 Kontakt ab. Vor kurzem habe ich erfahren: Angelmiro hat sich das Leben genommen. Viele ehemalige Kämpfer illegaler bewaffneter Gruppen wie der FARC berichten, dass für sie die Rückkehr in die Gesellschaft schwieriger ist als der Krieg. Sie verlieren den Rückhalt der Gruppe, die festen militärischen Strukturen. Und 25 von der Gesellschaft werden sie abgelehnt. Dazu kommt im Fall der FARC, dass der Staat viele seiner Versprechen nicht gehalten hat. Die wirtschaftlichen Perspektiven der ehemaligen Guerilleros sind düster. Viele haben sich inzwischen anderen bewaffneten 30 Gruppen angeschlossen. Der Regierungswechsel in Kolumbien hat den Pessimismus vieler ehemaliger Guerilleros verschärft. Die Partei des neuen Präsidenten Iván Duque hatte vor der Wahl angekündigt, den Friedensvertrag mit der FARC „zu zerfetzen". Seit 35 Duques Wahlsieg ist die Zahl der Morde an Menschenrechtlern, Opfervertretern und anderen Sozialaktivisten stark angestiegen. In vielen Gebieten, die früher von der FARC beherrscht wurden, kämpfen heute andere bewaffnete Gruppen um die Macht. Die Befür- 40 worter des Friedensprozesses setzen auf Druck von außen: Sie hoffen, dass die Vereinten Nationen, die Europäische Union und die internationalen Geldgeber die neue Regierung überzeugen, den Friedensvertrag mit der FARC weiter umzusetzen. Damit der Frieden 45 nicht noch mehr Opfer fordert.

AUFGABEN

❶ Erläutert ausgehend vom Text, welche Schwierigkeiten es zu überwinden gilt, wenn ehemalige Guerillakämpfende in ein ziviles Leben zurückkehren möchten.

❷ Stellt euch vor, ihr würdet ein Integrationsprojekt für ehemalige Kämpfende einrichten. Stellt Regeln sowohl für die ehemaligen Kämpfenden als auch für deren ziviles Umfeld auf, damit das Projekt eine Chance hat.

❸ Recherchiert die wichtigsten Inhalte des „offiziellen Friedensprozesses" sowie des Friedensvertrags und stellt grundlegende Aspekte dar. Helfen kann euch z. B. folgender Link zur Internetseite der Konrad-Adenauer-Stiftung: https://www.kas.de/web/kolumbien/themenseite-friedensprozess

Juan Manuel Santos

Juan Manuel Santos Calderón (geboren 1951 in Bogotá) war von 2010–2018 Präsident von Kolumbien. 2016 erhielt er für seine Bemühungen um eine Befriedung Kolumbiens den Friedensnobelpreis. Er unterzeichnete
5 2016 mit Timoleón Jiménez für die FARC in Cartagena ein Friedensabkommen. Nachdem eine knappe Mehrheit dieses Abkommen in einer Volksabstimmung ablehnte, wurde die Entscheidung des Nobelpreiskomitees vom Oktober 2016 als Unterstützung des Frie-
10 densprozesses angesehen. Im November 2016 wurde ein überarbeiteter Friedensvertrag unterzeichnet, der in den Parlamentskammern eine Mehrheit fand. Bis heute konkurrieren verschiedene Gruppen um das „Erbe der FARC". Eine wirkliche Beendigung des „inter-
15 nen bewaffneten Konflikts" aus den mindestens drei Gewaltakteuren Staat/Militär, Guerilla und Paramilitärs in Kolumbien geschah nicht.

— **AUFGABEN** ————————————————————————————————

❶ Bewertet (ausgehend von eurer Bearbeitung der bisherigen Kolumbien-Arbeitsblätter oder einer zusätzlichen Internetrecherche) die Entscheidung des Nobelpreiskomitees, den Friedensnobelpreis an Juan Manuel Santos zu vergeben.

Bedenkt bei eurer Einschätzung, dass u. a. folgende Personen bzw. Institutionen bisher den Friedensnobelpreis bekamen:

1952: Albert Schweitzer
1954: Flüchtlingskommissariat der Vereinten Nationen
1964: Martin Luther King
1971: Willy Brandt
1977: Amnesty International
1979: Mutter Theresa
1994: Jassir Arafat, Schimon Peres, Jitzchak Rabin
2009: Barack Obama

❷ Was kann die Verleihung eines internationalen Preises bewirken? Verfasst einen kurzen Zeitungskommentar oder ein Essay, der anlässlich der Friedensnobelpreisverleihung an Juan Manuel Santos 2016 bei uns erschienen sein könnte.

„Corporación Proyectarte" in Kolumbien[1]

Förderung der sozialen Reintegration von Jugendlichen, die als Kämpfer an den gewalttätigen Konflikten beteiligt waren

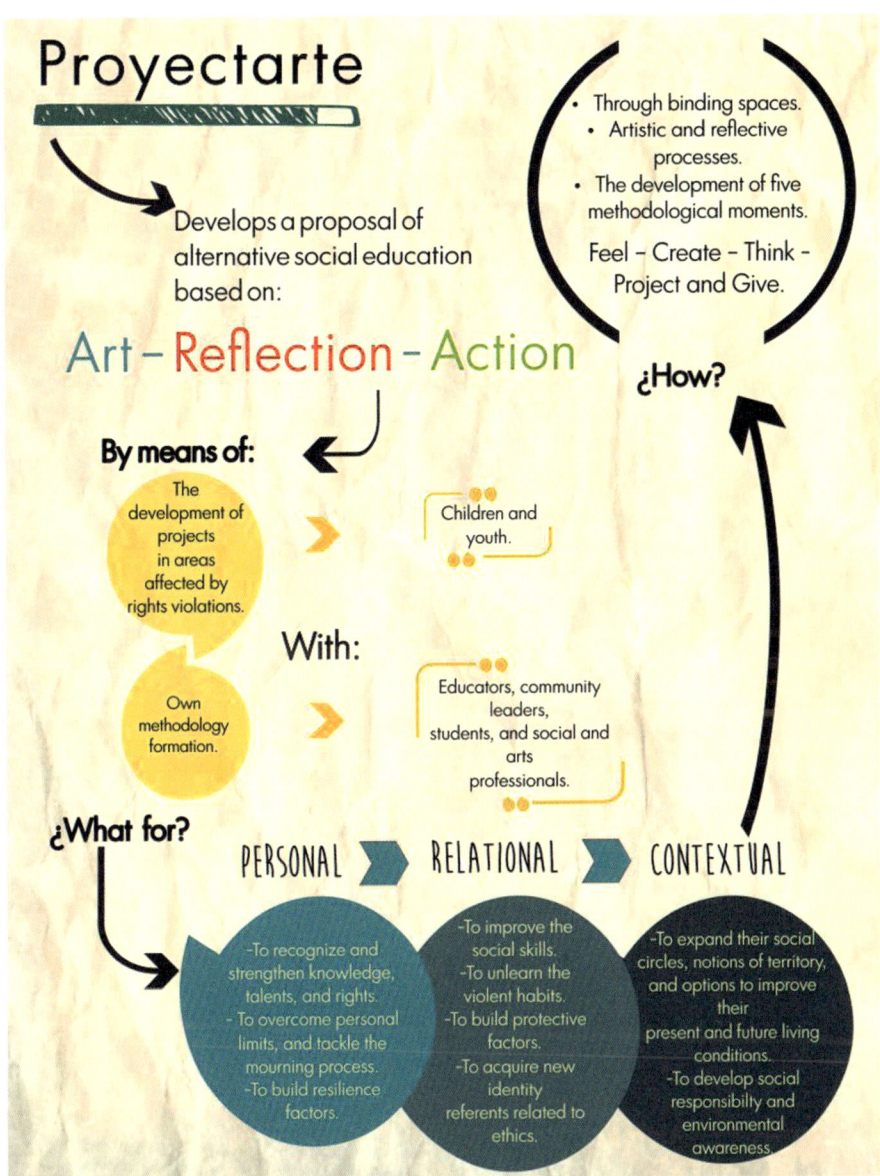

© Corporación Proyectarte, https://www.corporacionproyectarte.org/principal/?page_id=1569[1]

Informiert euch auf https://www.corporacionproyectarte.org/principal/?page_id=1573 über „Corporación Proyectarte". Lest den Text „Unsere zentralen Werte" auf der Folgeseite und bearbeitet die Aufgaben.

---

[1] Unter www.misereor.de/schulwettbewerb gibt es eine ausführliche Beschreibung des Projektes.

UNSERE ZENTRALEN WERTE

ETHIK: Wir zeigen gegenüber uns selbst und anderen Respekt und übernehmen Verantwortung für unser Handeln.

SOLIDARITÄT: Wir alle setzen uns für den Aufbau einer
5 Gesellschaft ein, die sich am Gemeinwohl orientiert und unseren Planeten schützt.

KREATIVITÄT: Wir stärken unsere Innovationskraft, um gemeinsam neue Gesellschaftsmodelle sowie Optionen und Wege für eine veränderte Gesellschaft entwi-
10 ckeln zu können.

OPTIMISMUS: Wir nehmen eine positive Haltung ein, die es uns auch in den schwierigsten Situationen erlaubt, das zu tun, was nötig ist, um die Ziele zu erreichen, die wir uns gesetzt haben.

15 ## ZIELE

Proyectarte arbeitet mit Kindern und Jugendlichen, die Opfer von Gewalt, Ausgrenzung und Menschenrechtsverletzungen geworden sind, sowie deren Familien. Dies sind die Ziele unserer Arbeit:

20 • Den Kindern/Jugendlichen die Möglichkeit zu geben, über das Erlebte zu sprechen, ihren Kummer zu teilen und einen Umgang mit ihrem Trauma zu finden, um ihrer persönlichen Geschichte eine neue Bedeutung zu geben, ihre Belastbarkeit zu stärken
25 und es ihnen zu ermöglichen, Lebensziele zu setzen, die auf ethischen Grundsätzen basieren.

• Den Kindern/Jugendlichen dabei zu helfen, ihr eigenes Potenzial zu erkennen und weiterzuentwickeln, um ihnen die Verwirklichung ihrer Ziele zu erleichtern und sie dazu zu ermutigen, ihre Talente zum 30 Wohle der Gemeinschaft einzubringen.

• Die Kinder/Jugendlichen dabei zu unterstützen, ihren Lebenskontext zu analysieren und eine Kultur der Rechte und Pflichten im öffentlichen und privaten Raum zu schaffen. 35

• Die Lebensqualität der Kinder/Jugendlichen sowie ihr Familien- und Gemeinschaftsleben zu verbessern, indem wir ihnen beibringen, bestimmt zu kommunizieren, im Team zu arbeiten, bei Konflikten einvernehmliche Lösungen zu finden und Gemein- 40 schaftsprojekte durchzuführen.

PROJEKTZIELE

• Unsere Aktivitäten regelmäßig zu reflektieren, um noch bessere Ergebnisse erzielen und unsere Erfahrungen mit Organisationen austauschen zu können, 45 die ähnliche Ziele verfolgen.

• Kontakt zu Organisationen aufzunehmen, die ähnliche Initiativen ins Leben gerufen haben, um bewährte Methoden auszutauschen und uns gegenseitig zu unterstützen und um uns gemeinsam für den 50 Aufbau einer Gesellschaft einzusetzen, die gerechter ist und unseren Planeten respektvoll behandelt.

© https://www.corporacionproyectarte.org/principal/?page_id=1569,
Übersetzung durch MISEREOR

___ **AUFGABEN** _____

❶ Entwerft auf Grundlage der Informationen eine Informationsgrafik auf Deutsch.

❷ Überlegt euch kreative Projektideen, mit deren Hilfe ihr die Intentionen umsetzen könnt. Findet eine Aktion, die sowohl kolumbianische als auch deutsche Jugendliche durchführen könnten.

„PAX an!
Schulwettbewerb Frieden"

Hinweise für Lehrkräfte sowie Schüler*innen

Der Wettbewerb „PAX an! Schulwettbewerb Frieden" wurde von **MISEREOR** und dem Auer Verlag neu ins Leben gerufen. Beteiligen können sich alle Klassen, Lerngruppen, Kurse oder AGs der Stufen 5 bis 13. Der Wettbewerb bietet Lehrkräften sowie Schüler*innen die Möglichkeit, Unterrichtsinhalte rund um die Themenkomplexe „Globales Lernen", „Frieden und Sicherheit", „Gerechtigkeit", „Nachhaltigkeit", „Entwicklungspolitik und Entwicklungspartnerschaft" im Rahmen eines Projekts *gemeinsam* zu erarbeiten. Die genannten Themen spielen in den Lehrplänen aller Bundesländer in verschiedenen Fächern und unterschiedlichen Facetten eine wichtige Rolle.

Die Vorteile projektorientierten Arbeitens liegen auf der Hand: Durch „Learning by doing" wird die Selbsttätigkeit der Schüler*innen in besonderem Maße gefördert und ihre traditionelle Rolle „Wissensempfänger*in" aufgebrochen. Dies setzt allerdings voraus, dass die Lehrkraft ihrerseits sich von dem*der „Wissensvermittler*in" weg in eine moderierende Rolle begibt, sie stets ansprechbar ist und ihren Schüler*innen mit Rat und Tat zur Seite steht. Sie begleitet also den Prozess aktiv, sodass das Projekt *gemeinsam* zu einem erfolgreichen Abschluss gelangt.

Am Ende soll ein *gemeinsames* Produkt stehen, welches der Jury die Ergebnisse der Projektarbeit anschaulich vor Augen führt und einen bleibenden Eindruck von den Aktivitäten hinterlässt.

MISEREOR und der A⃞ Auer Verlag sind sich sicher, dass sich eine Teilnahme am Wettbewerb nicht nur aufgrund der attraktiven Preise lohnt. Durch *gemeinsames* Recherchieren, Dokumentieren, Diskutieren, Gestalten und Aktivwerden sammeln die Schüler*innen vielfältige Eindrücke und Erlebnisse, die ihnen – so ist zu hoffen – in guter Erinnerung bleiben werden und „Spuren" hinterlassen. Ebensolche „Spuren" für das Erreichen von Frieden und Gerechtigkeit in unserer Welt können wir im Großen auch nur dann hinterlassen, wenn wir alle *gemeinsam* an einem Strang ziehen! Nur *gemeinsam* können wir etwas bewegen, verändern und Zukunft nachhaltig und gerecht gestalten!

Das Team des Projektwettbewerbs „PAX an! Schulwettbewerb Frieden" freut sich auf zahlreiche engagierte Beiträge und wünscht allen viel Freude bei der Teilnahme!

Rahmenbedingungen für den Wettbewerb

Wer darf mitmachen?

Mitmachen dürfen alle Klassen (auch AGs, Lerngruppen und Kurse) der Stufen 5 bis 13 aller Schulformen. Bitte erstellt eure Beiträge auf Deutsch.

Welche Themen gibt es?

Ihr könnt jedes Jahr aus drei Themen auswählen. Bitte wählt nur **ein** Thema und erarbeitet einen gemeinsamen Beitrag. Die Themenstellungen findet ihr hier: www.misereor.de/schulwettbewerb – oder scannt einfach den folgenden QR-Code® ein.

Wie stellen wir unser Thema dar?

Wichtig ist, dass ihr eigenständig arbeitet. Ihr sollt selbstständig Informationen suchen, Probleme aufzeigen und eure Meinung darstellen. Eure Lehrkraft kann euch dabei unterstützen. Bitte kennzeichnet, wenn ihr fremde Quellen benutzt.

Die möglichen Präsentationsformen findet ihr auf der nächsten Seite.

Wie reichen wir unsere Arbeiten ein?

Bitte ladet eure Ergebnisse auf eurer eigenen Schulhomepage hoch. Meldet euren fertigen Beitrag unter Nennung dieses Links zusammen mit dem ausgefüllten Teilnahmebogen (diesen findet ihr auf www.misereor.de/schulwettbewerb) an die E-Mail-Adresse schulwettbewerb@misereor.de.

Bis wann sollen wir unsere Arbeiten einreichen?

Der Wettbewerb wird über drei Jahre lang ausgeschrieben. Die Jury legt 2020, 2021 und 2022 jeweils drei Ge-

winnerteams für die Plätze 1, 2 und 3 fest. Bitte meldet eure fertigen Beiträge bitte bis spätestens 15. April jedes Jahres an die oben genannte E-Mail-Adresse.

Wann und von wem werden die Gewinner festgelegt?

Die Jury tagt jedes Jahr im Mai. Bis Anfang Juni stehen die Gewinner fest und werden benachrichtigt. Bitte habt etwas Geduld, bis ihr Nachricht von uns bekommt.

Wie werden die Arbeiten veröffentlicht?

Auf der Seite www.misereor.de/schulwettbewerb werden wir auf alle eingesendeten Beiträge verlinken. Zudem möchten wir ausgewählte Beiträge und natürlich die Projekte der Gewinner*innen auf unserer Homepage und auf anderen Kanälen veröffentlichen. Hierfür ist das Einverständnis der Erziehungsberechtigten nötig. Ein entsprechendes Formular kann auf www.misereor.de/schulwettbewerb heruntergeladen werden. Mit dem Einsenden des Teilnehmerbogens gehen wir davon aus, dass dieses Einverständnis vorliegt.

Was können wir gewinnen?

Die drei Erstplatzierten erhalten Geldbeträge in der Staffelung von 750 €, 500 € und 250 €. Zudem winkt ein Besuch bei einer Organisation, einer Initiative oder bei Personen, die sich für Frieden und Gerechtigkeit einsetzen. Diese Tagesfahrt wird ermöglicht durch unseren Partner „Reisebüro kugeleis reisen".

Genauere Infos zu den Preisen findet ihr auf www.misereor.de/schulwettbewerb.

Wir wünschen euch viel Spaß bei der Teilnahme

und freuen uns auf eure kreativen und anregenden Beiträge!

Die vollständigen Teilnahmebedingungen findet ihr unter

www.misereor.de/schulwettbewerb

Präsentationsformen

Grundsätzlich steht es euch frei, in welcher Form ihr euer Projektergebnis einsendet.[1] Folgende Präsentationsformen haben sich allerdings bewährt und eignen sich für eine angemessene und aussagekräftige Veranschaulichung eurer Arbeit:

◁ Filmische Dokumentation:
- Erstellt einen kleinen Film zu eurem Thema bzw. eurer Fragestellung.
- Achtet dabei insbesondere auf eine aussagekräftige Bild- und Szenengestaltung, Lebendigkeit der Texte sowie eine stimmige Gesamtstruktur des filmischen Aufbaus.
- Der Film sollte nicht länger als sechs Minuten dauern.

◁ Fotocollage:
- Erstellt eine Fotocollage zu eurem Thema bzw. eurer Fragestellung.
- Achtet dabei insbesondere auf die Passgenauigkeit der ausgewählten Bilder und Texte, deren Gesamtkomposition und Aussagekraft.
- Die Fotocollage kann sowohl digital als auch „klassisch" per Hand erstellt werden.

◁ Fotostory:
- Erstellt eine Fotostory zu eurem Thema bzw. eurer Fragestellung.
- Achtet dabei insbesondere auf eine aussagekräftige Bild- und Szenenauswahl, die Mimik und Gestik der Darsteller*innen, die Wahl der Orte sowie auf passende Textbausteine (Überschriften, Sprechblasen etc.).
- Die Fotostory kann sowohl digital als auch „klassisch" per Hand erstellt werden.

◁ Radio-Feature:
- Erstellt einen Informationsbericht zu eurem Thema bzw. eurer Fragestellung in Form eines Radiobeitrags.
- Achtet dabei insbesondere auf die Gliederung und Strukturierung des Beitrags, die Plausibilität der Botschaft sowie auf eine angemessene technische Aufbereitung.
- Das Radio-Feature sollte nicht länger als sechs Minuten dauern.

◁ Audio-Slideshow bzw. Erklärvideo:
- Erstellt eine Audio-Slideshow bzw. ein Erklärvideo zu eurem Thema bzw. eurer Fragestellung.
- Achtet dabei insbesondere auf die Qualität der Kommentare und der (selbst gezeichneten) Bilder sowie auf eine passende Kombination von Kommentaren, Bildern und Tonhintergrund.
- Die Audio-Slideshow bzw. das Erklärvideo sollten nicht länger als sechs Minuten dauern.

◁ Infobroschüre:
- Erstellt eine Infobroschüre zu eurem Thema bzw. eurer Fragestellung.
- Achtet dabei insbesondere auf die Passgenauigkeit der ausgewählten Bilder und Texte, deren Gesamtkomposition und Aussagekraft.
- Die Infobroschüre sollte digital erstellt werden.

◁ Zeitungsseite:
- Erstellt eine Zeitungsseite zu eurem Thema bzw. eurer Fragestellung.
- Achtet dabei insbesondere auf die Passgenauigkeit der ausgewählten Bilder und Texte, deren Gesamtkomposition und Aussagekraft.
- Die Zeitungsseite sollte digital erstellt werden.

◁ Brettspiel:
- Erstellt ein Brettspiel zu eurem Thema bzw. eurer Fragestellung.
- Achtet dabei insbesondere auf eine anschauliche Gestaltung der Materialien und eine schlüssige und logische Spielhandlung, die ihr in einer beiliegenden Spielanleitung dokumentiert.

◁ Song, Rap oder Poetry Slam:
- Erstellt einen Song, Rap oder Poetry Slam zu eurem Thema bzw. eurer Fragestellung.
- Achtet dabei insbesondere auf die Passgenauigkeit der Texte, deren Gesamtkomposition und Aussagekraft.
- Eurem Song, Rap oder Poetry Slam sollte eine Vertonung beigelegt werden. Diese sollte nicht länger als sechs Minuten dauern.

◁ Weitere Möglichkeiten, z. B. Theaterstück, Nachrichtenbeitrag, ...

---

[1] Bei allen Einsendungen sind unbedingt die Rechte Dritter zu beachten, u.a. bei musikalischer Untermalung. Hier bieten einige Plattformen im Internet allerdings die Möglichkeit, Musik kostenlos und GEMA-frei zu nutzen.

Fachwissenschaftliche Einleitung

1 ✍ individuelle Schülerlösungen, die folgende zentrale Informationen beinhalten sollten:
- Frieden als Weg und als Zustand im Prozess, Annäherung an den Zustand der Gerechtigkeit als Faktor des Gelingens der Friedensbestrebungen
- Entwicklungszusammenarbeit als Faktor globaler Gerechtigkeit, Unterscheidung staatlicher und nicht-staatlicher Entwicklungszusammenarbeit
- Frieden als Zustand zwischen Menschen, Gruppen oder Staaten, der konstruktive Konfliktbearbeitung ermöglicht
- „Pax Romana" als bedeutsame Friedensepoche bzw. ein Ansatz der Friedenserhaltung mit Kehrseiten
- Immanuel Kants „ewiger Frieden", demokratischer Frieden, Völkerrecht
- zivilisatorisches Hexagon von Dieter Senghaas
- positiver Frieden von Johan Galtung
- individuelle und soziale Gerechtigkeit
- Frieden und Gerechtigkeit als realistische Daseinszustände bei dauerhaft vorhandenen Konflikten und Ungleichheiten
- Ansätze der aktuellen Diskussion, Nachhaltigkeit, Fluchtursachenbekämpfung

2 ✍ individuelle Schülerlösungen, mögliche neue Überschriften:
1. Weltweiter und gerechter Frieden als Weg
2. Ganzheitlichkeit des Friedensbegriffs
3. Gerechtigkeit als Utopie?
4. Menschliche Natur und Frieden: ein Widerspruch?
5. Armut und Flucht als Jahrhundertaufgabe

3 ✍ individuelle Schülerlösungen, mögliche Aspekte einer Antwort:
- manche Fragen sozialer Gerechtigkeit als „Luxusproblem"?
- unterschiedliche Lebensrealitäten
- Ähnlichkeit grundlegender Problematiken: Was passiert bei Unmöglichkeit zu arbeiten? Wer leistet wie Hilfe in Notlagen? Kann ich durch persönliche Leistung etwas erreichen?

Wie werde ich abgefedert in existenzieller Not?

4 ✍ individuelle Schülerlösungen, mögliche Gedanken einer Antwort:
- grundsätzlicher Widerspruch zwischen „wahrer Menschlichkeit bzw. Menschenorientierung" und „Verzweckung" des Menschen
- Reduktion des Menschen auf seinen scheinbar messbaren Beitrag zum gesellschaftlichen Wohl, das dann häufig auch noch ökonomisch definiert wird
- Zynismus, der z. B. deutlich wurde in Einreiseerleichterungen für sog. „Computer-Inder*innen" in den 1990er-Jahren, oder der aktuelle Protest gegen Flüchtlingsabschiebungen aufgrund der Investition der Arbeitgeber in deren Ausbildung
- Verflachung des Begriffs „Nützlichkeit" durch einseitige Verbindung mit ökonomischem Nutzen unter Missachtung z. B. kultureller Beiträge
- Verneinung auch christlicher Grundwerte, zudem bzw. darin eingeschlossen auch des Ansatzes von der Ganzheitlichkeit des Menschen
- Menschenbild einer sinnvollen Entwicklungszusammenarbeit: Humanität als oberstes Gebot, geprägt von gleichberechtigter Partnerschaft mit dem Ziel der Hilfe zur Selbsthilfe, Selbstwirksamkeit, Selbstbestimmung und Eigenverantwortlichkeit

5 ✍ individuelle Schülerlösungen mit allerdings einigermaßen realistischer Entscheidung, zu welcher der*die Bundesminister*in auch (zumindest ansatzweise) befähigt wäre, etwa:
- Festlegung und Einhaltung einer dauerhaften Kopplung des Entwicklungshilfeetats an wirtschaftliche bzw. haushaltsrechtliche Vorgaben, z. B. den Rüstungsetat oder das Bruttoinlandsprodukt, Ziel: Loslösung von aktuellen politischen Strömungen bzw. Moden, Planbarkeit der Hilfe

- Aufkündigung von Handels- und Zollschranken gegenüber Waren der sog. „Dritten Welt" und Wahrung der Menschenrechte vonseiten der Wirtschaft, Ziel: fairerer Handel
- Entschuldigung für Kriegs- oder Kolonialverbrechen mit dem Eingeständnis der Berechtigung mancher Reparationsforderungen, Ziel: Wahrnehmung historischer Verantwortung
- Entschuldungsinitiativen, Ziel: Ermöglichung eines ökonomisch unbelasteten Neuanfangs

6 ✍ individuelle Schülerlösungen, die folgende Elemente hinsichtlich der Beziehung der Agenda 2030 zum positiven Frieden enthalten sollten:
- Festlegung von Entwicklungszielen jenseits der bloßen Abwesenheit von Krieg
- Perspektive der Beseitigung struktureller Einschränkungen, z. B. hinsichtlich der

Gleichstellung von Frauen (Ziel 5) oder der Lebensqualität in den urbanen Zentren der Welt (Ziel 11)
- Kampf gegen die Ausübung kultureller Gewalt, z. B. im Nachgang zur Schaffung effektiver, verantwortungsvoller und transparenter Institutionen (Ziel 16) oder des Lernens für alle im Sinne einer hochwertigen Bildung (Ziel 4)

7 ✍ individuelle Schülerlösungen, die folgende Elemente enthalten sollten:
- Thomas Hobbes „homo homini lupus est", „der Mensch ist dem Menschen ein Wolf"
- Skepsis gegenüber der Fähigkeit des Menschen, gegen seine selbstbezogene Natur anzukommen
- Verweis auf einen grundlegenden Selbsterhaltungstrieb
- gewisser pädagogischer Pessimismus

Demokratische Republik Kongo – Rohstoffe: Segen oder Fluch?

AUFGABEN: STECKBRIEF: DEMOKRATISCHE REPUBLIK KONGO — SEITE 16

1 ✍ individuelle Schülerlösungen, die folgende zentrale Informationen beinhalten sollten:
- Prägung durch belgische Fremdherrschaft
- Diktaturen und Bürgerkriegswirren seit der Erklärung der Unabhängigkeit 1960
- eines der ärmsten Länder der Welt

- Vielvölkerstaat (mehr als 200 verschiedene Ethnien)
- trotz Reichtum an Rohstoffen: desolate wirtschaftliche Situation

AUFGABEN: MEIN SMARTPHONE UND ICH — SEITE 17

3 ✍ Gold: SIM-Karte oder Akku; Abbau z. B. in China und Südafrika mit giftigen Substanzen wie Zyanid
✍ Kobalt: Akku; Fördergebiete z. B. in der Demokratischen Republik Kongo, China und Sambia
✍ Tantal/Coltan: Speicherung von Energie; Fördergebiet z. B. im Kongo

✍ Aluminium: Gehäuse; äußerst energieintensive Herstellung; z. B. aus Jamaika
✍ Zinn: Löten der Bauteile; Fördergebiete z. B. in Indonesien und China
✍ Kupfer: Leiten des Stroms; hoher Wasserverbrauch; z. B. aus Chile und Sambia

AUFGABEN: KONGO: KINDERARBEIT FÜR SMARTPHONES? — SEITE 18

1 ✍ miserable Arbeitsbedingungen in den Minen
✍ Ausbeutung von Kindern, bis hin zum Tod
✍ schlechte Bezahlung der Minenarbeiter*innen
✍ Betonung der Verantwortung großer Konzerne

✍ Existenz und Notwendigkeit des Internationalen Tages gegen Kinderarbeit (12. Juni), um Aufmerksamkeit für die Lage der Kinder zu wecken

2 ✍ individuelle Schülerlösungen, die folgende Aspekt zum Gegenstand haben sollten:
- Schaffung von Transparenz bezüglich der Herkunft der Rohstoffe
- Nutzen von Macht und Einfluss zur Abschaffung von ausbeuterischer Kinderarbeit

- keine Vergabe von Aufträgen ohne intensive Prüfung der Partner vor Ort
- unangekündigte Kontrollen vor Ort, um zu überprüfen, ob Menschenrechte eingehalten werden

___ AUFGABEN: MAGIC COBALT: BEGEHRTES METALL – TENDENZ STEIGEND _____ SEITE 19

1 ✍ steigender Bedarf an Kobalt mit der einsetzenden Energiewende, Elektromobilität, Smart Cities, Digitalisierung und Industrie 4.0 (vgl. Produktion von Speichersystemen, Lithium-Ionen-Batterien)
✍ Kobalt als wirtschaftsstrategischer Rohstoff
✍ massive Steigerung des Kobalt-Bedarfs in den kommenden Jahrzehnten

2 ✍ Abbau von Kobalt in Gebieten mit hoher staatlicher Fragilität
✍ fast die Hälfte der weltweiten Kobaltvorräte in der DR Kongo
✍ DR Kongo als größter Primärproduzent und damit zentraler Lieferant von Kobalt

3 ✍ Vorteile eines Elektroautos sind z. B.:
- Reduzierung der Verbrennung fossiler Energien

- macht weniger Lärm als Verbrennungsmotoren
- weniger klimaschädliche Emissionen
- weniger gesundheitsschädliche Ausstöße
✍ Nachteile eines Elektroautos sind z. B.:
- im Hinblick auf eine grundsätzliche Verkehrswende keine Errungenschaft, sondern lediglich „Ersetzung" von Verbrennungsmotoren durch E-Antriebe (vgl. Notwendigkeit der Reduzierung von Autos!)
- relativ teuer
- Frage der Herkunft des Stroms
- noch Fehlen von geeigneter Verkehrsinfrastruktur zum Aufladen der Akkus
- bisher ungelöste Frage des Recyclings von E-Auto-Batterien
- hoher Rohstoff- und Wasserverbrauch

___ AUFGABEN: KLEINBERGBAU IM KONGOLESISCHEN KOBALTSEKTOR: CHANCEN UND RISIKEN ___ SEITE 21

1 ✍ Chancen für die Schürfer*innen im Kleinbergbau:
- Arbeitsplätze
- Möglichkeiten des Gelderwerbs
- Versorgung von ca. 20 Millionen Menschen aufgrund direkter und indirekter Aktivitäten im und um den Abbau von mineralischen Rohstoffen in der DR Kongo
✍ Risiken für die Schürfer*innen im Kleinbergbau:
- miserable Arbeitsbedingungen (z. B. Fehlen ausreichender Schutzbekleidung und Sicherheit für die Arbeiter*innen)
- Gesundheitsprobleme durch Kobaltstaub, insbesondere Gefahr von Atemwegserkrankungen
- fehlende Ausbildung und Sensibilisierung im Umweltschutz

- Vertreibung durch industrielle Bergbauunternehmen und Verlust der Existenzgrundlage
- keinerlei wirtschaftliche Rechte und Gleichbehandlung der Kleinschürfer*innen durch die Zwischenhändler*innen und damit Existenz einer einseitigen Profitschleife
- Gewalt durch Sicherheitskräfte und Milizen
- Prostitution in den Camps nahe der Abbaugebiete

2 ✍ Schaffen rechtsstaatlicher Strukturen: Arbeitnehmervertretungen, rechtliche Schritte gegen Erpressung privater Steuern und Schutzgelder
✍ Regelungen zu Entschädigungen bei Vertreibung durch den industriellen Großbergbau

AUFGABEN: AUDRY BIALURA – KLEINSCHÜRFER IN DER COLTANMINE FUNGAMWAKA —————— SEITE 22

1 ⚐ miserable Arbeitsbedingungen

⚐ begleitet von Umweltzerstörungen sowie Missachtung von Menschenrechten

⚐ keine Sicherheitsvorkehrungen, z.B. Unfallversicherung etc. in den Minen

⚐ in nichtstaatlichen Minen: selbstständiger Abbau durch Kleinschürfer*innen, anschließender Verkauf der geschürften Rohstoffe in den Minendörfern zu Spottpreisen

⚐ ca. 90% der Minen durch Kleinschürfer*innen betrieben: Forderung von Zwangsabgaben durch Rebellengruppen; Verkauf der Bodenschätze durch die Rebellengruppen über Nachbarländer (z.B. Ruanda); Finanzierung des Bürgerkriegs durch den Rohstoffabbau

2 ⚐ Name: Audry Bialura

⚐ ursprünglicher Beruf: Farmer

⚐ Ursache für seine Tätigkeit als Kleinschürfer in Fungamwaka: Vieh von Rebellen gestohlen, deshalb seit 2014 gezwungenermaßen in Fungamwaka tätig

⚐ Wohnverhältnisse: im Minenort Numbi in einer Bretterhütte, ohne Matratze

⚐ finanzielle Situation und Gründe für seine Verschuldung: prekäre finanzielle Situation und Verschuldung Bialuras aufgrund des teuren Lebens (hohe Kosten für Miete etc.) in Numbi, der teuren Lizenzen zum Schürfen in einer staatlich kontrollierten Mine, der Abgaben an die Pächter (50% der Gewinne) sowie Steuern und Gebühren für Kontrollen in den Minen, welche allesamt von den Minenarbeitern zu entrichten sind

⚐ Arbeitsbedingungen und Vorgehensweise beim Coltanabbau in Fungamwaka: trotz staatlicher Minenaufsicht schlechte Arbeitsbedingungen und einfachste Ausrüstung (vgl. Schaufeln) der Arbeiter

Sudan und Südsudan – der Staat und ich, ich und der Staat

AUFGABEN: STECKBRIEF: SUDAN UND SÜDSUDAN —————————————————— SEITE 23

1 ⚐ individuelle Schülerlösungen, die folgende zentrale Informationen beinhalten sollten:

- zentralistische und autoritäre Regierungen
- Konflikte seit der Unabhängigkeit
- kaum befriedende Wirkung der Staatsteilung
- Sudan und Südsudan als sogenannte „failed states", fragile Staaten bzw. vom Staatszerfall bedrohte Länder

2 ⚐ individuelle Schülerlösungen, die folgende Aspekte zum Gegenstand haben könnten:

- tägliche Unsicherheit hinsichtlich Kriminalität, Angst vor Unfällen oder Katastrophen
- fehlende Ansprechpartner bei Problemen
- Korruption, Bestechlichkeit, Willkür z.B. der Verwaltung
- keine Zukunftsperspektiven z.B. beim Versuch, sich eine wirtschaftliche Zukunft aufzubauen
- eingeschränkte Freizügigkeit, aber auch Reisemöglichkeiten
- Gefährlichkeit freier Meinungsäußerung

AUFGABEN: WIE BEGEGNET MIR DER STAAT? ——————————————————————— SEITE 24

3 ⚐ individuelle Schülerlösungen, die folgende Aspekte zum Gegenstand haben könnten:

- umfassende Daseinsfürsorge
- Ermöglichung von Chancen, aber auch Kontrolle der Einhaltung von Regeln
- Sicherheit
- manchmal Einengung der Freiheit

AUFGABEN: FRAGILE STAATEN: KEIN ORT ZUM LEBEN — SEITE 25

1 individuelle Schülerlösungen, die folgende Aspekte bei den Anti-Tipps für Staatspräsidenten ausführen sollten:

- Förderung von Korruption, Vetternwirtschaft, unklaren Kanälen
- Verneinung von Leistung als Erfolgskriterium, Priorisierung von Vettern- und Günstlingswirtschaft
- latente Dauerunsicherheit im Land
- Unterdrückung von Pressefreiheit, Kultur und Bildung
- Sündenbockmechanismen
- fehlende Zukunftsinvestitionen

AUFGABEN: SIEBEN JAHRE UNABHÄNGIGKEIT: DIE SÜDSUDANESEN HABEN KEINEN GRUND ZUM FEIERN / SÜDSUDAN – SCHULEN FÜR EINE FRIEDLICHE ZUKUNFT — SEITE 27

1
- Verzögerung von Wahlen im Südsudan wegen der hohen Kosten
- fehlende Reformschritte der Regierung als Grund für Weigerung internationaler Geldgeber
- Notwendigkeit einer Beendigung des Bürgerkriegs
- Flucht als Krisentreiber
- Notwendigkeit neuer Machtaufteilung und Verbesserung der Sicherheitslage
- Hungerkatastrophen als Folgen schlechter Staatsführung

2 individuelle Schülerlösungen, die folgende Aspekte zum Gegenstand haben könnten:
- Bildung als „entscheidende Investition in die Zukunft des Staates"
- Berufsausbildung als Konsequenz von Bildung
- Erwachsenenbildung als Nachmittagsprogramm neben der Arbeit
- Verdeutlichung gewaltfreier Konfliktlösungsmechanismen

Ruanda – Nachbar, Freund, Todfeind

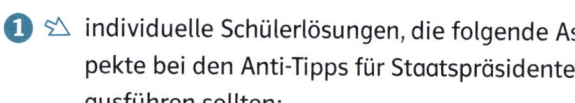

AUFGABEN: STECKBRIEF: RUANDA — SEITE 29

2 individuelle Schülerlösungen, die folgende Aspekte zum Inhalt haben könnten:
- Stigmatisierung
- Erschwerung eines konstruktiven Neubeginns
- Identitätsfragen
- Demotivierung
- Schärfung des persönlichen Bewusstseins für die historische Verantwortung

AUFGABEN: VORURTEILE GEGENÜBER MINDERHEITEN — SEITE 30

1
- Aufforderungen, Dunkelhäutiger solle hingehen, wo er herkäme
- Antwort, dass dies Dortmund sei
- scheinbarer Zusammenhang, dass Dunkelhäutige automatisch Ausländer sind
- fehlendes Bewusstsein hinsichtlich kultureller und auch ethnischer Vielfalt in Deutschland
- stereotype Reaktionen

3 individuelle Schülerlösungen, die z. B. wie folgt aussehen könnten:
- mich über Motive und Hintergründe informieren
- zunächst immer das Positive sehen
- meinen persönlichen Eindruck nicht immer für die objektive Wahrheit halten
- versuchen, Andersartigkeit als Chance oder Bereicherung zu sehen
- über meinen Schatten springen können

4 ✑ individuelle Schülerlösungen, die folgende Aspekte zum Inhalt haben könnten:
- Sündenbockmechanismen
- Zukunftsängste
- eigenes Gefühl des „Abgehängtseins bzw. -werdens"

- große gesellschaftliche Ungleichheiten hinsichtlich der Lebensqualität oder Zukunftschancen
- ungleiche Verteilung von Ressourcen

AUFGABEN: RUANDA. LICHTBLICK MIT SCHATTEN _____ SEITE 32

1 ✑ 800 000 durch Hutu ermordete Personen in Ruanda
  ✑ Präsenz ehemaliger Täter*innen im heutigen öffentlichen Leben
  ✑ touristische Attraktion „Versöhnungsdorf"
  ✑ wirtschaftlicher Aufschwung seit Genozid 1994
  ✑ Plastiktütenverbot, Frauenrechte, Verbot der Unterteilung in Hutu und Tutsi
  ✑ Sicherheit und Stabilität unter Staatschef Kagame aus offizieller politischer Sicht Deutschlands
  ✑ jedoch autoritärer Regierungsstil, fehlende Pressefreiheit, kaum Opposition, Geheimdienstaktivitäten

  ✑ schwierige Menschenrechtslage
  ✑ Aufschwung auch durch Auto- und Textilindustrie
  ✑ soziale Ungleichheit

2 ✑ individuelle Schülerlösungen, die folgende Aspekte zum Inhalt haben könnten:
- Zynismus der Vermarktung schwerer Krankheiten und Probleme
- Auswüchse der Werbung, des Kapitalismus
- Degradierung der Opfer zu Statisten*innen
- versteckte Höherstellung der „westlichen" Welt

AUFGABEN: MISEREOR-WANDERAUSSTELLUNG „FRACTURED LIVES" _____ SEITE 33

1 ✑ individuelle Schülerlösungen, die folgende Aspekte beinhalten könnten, allerdings in eigene Worte gefasst werden sollten:
- Material aus Stoff, Beweglichkeit

- Symbolisierung der Eigendynamik
- Lücken als Stellen für Unausgesprochenes
- mögliche Verbindung mit „Wäsche", also Verschleiß, aber auch Trocknung

AUFGABEN: JEAN-BAPTISTE MPUNGIREHE, INNOCENT NKURUNZIZA UND ANDERE: VON DER HEILSAMEN WIRKUNG DER KUNST _____ SEITE 35

1 ✑ Kunstausstellungen in großen internationalen Hotels von Kigali als Ergänzung zu den Galerien
  ✑ Touristen und obere ruandische Mittelschicht als Konsumenten einer lebhaften Kunstszene
  ✑ Kunst als Besonderheit vor dem Hintergrund der Traumatisierungen des Genozids, Kreativitätsschub im Nachgang zu 1994
  ✑ therapeutische künstlerische Arbeit von Collin Sekajugo
  ✑ Werke des Malers Jean-Baptiste Mpungirehe als „Erinnerung an mein Volk"
  ✑ abstrakte Kunst des Autodidakten Innocent Nkurunziza
  ✑ Versöhnungspolitik Ruandas, heilsame Wirkung der Kunst

3 ✑ Chancen für die friedensschaffende Wirkung der Kunst sind z. B.:
- geringe politische Vorbelastung
- persönliche Entfaltung, Identitätsbildung
- Unterhaltung
- Raum der Freude sowohl für Kunstschaffende als auch für Kunstkonsumenten
  ✑ Grenzen für die friedensschaffende Wirkung der Kunst sind z. B.:
- fehlende Möglichkeit der Gestaltung „harter" politischer Realitäten
- geringeres Ernstnehmen künstlerischer Ansätze in politischer bzw. gesellschaftlicher Öffentlichkeit
- Abhängigkeit von der Finanzierung
- Verbindung mit persönlichen Kompetenzen

MISEREOR-Projekt „Vision Jeunesse Nouvelle" in Ruanda

— AUFGABEN: RUANDA: DREI MONATE UND SCHON SO EIN THEATER ———————— SEITE 37

1 ⬩ individuelle Schülerlösungen, die folgende Aspekte beinhalten könnten:
- geringere Vorurteilsprägung von Kindern und Jugendlichen
- Persönlichkeitsentwicklung und Identitätsentwicklung durch das Theaterspielen

- Verschlüsselung der Probleme im Theaterstück, Thematisierung schwieriger Elemente auf spielerische Art
- Provokation und Reflektion beim Publikum

Philippinen – von der Klimakrise und ihren Folgen

— AUFGABEN: STECKBRIEF: PHILIPPINEN ——————————————————— SEITE 38

1 ⬩ individuelle Schülerlösungen, die folgende zentrale Informationen beinhalten sollten:
- Bestehen aus über 7000 Inseln
- ca. 170 Sprachen (vgl. Vielfalt und Unterschiedlichkeit der Filipinos*Filipinas)
- Prägung durch spanische Fremdherrschaft
- spanisch-amerikanischer Krieg
- philippinisch-amerikanischer Krieg (Tod von ca. 1 Million Filipinos*Filipinas)

- seit 1946: Unabhängigkeit
- Instabilität des Landes
- seit 2016: Präsidentschaft Dutertes mit Missachtung von Menschenrechten, Beschneidung der Pressefreiheit und verschiedensten Formen von Diskriminierungen
- Armut und hohe Arbeitsmigration

— AUFGABEN: FOLGEN DER KLIMAKRISE ——————————————————— SEITE 39

1 ⬩ Beschreibung: Beobachtung einer vom Strandtourismus geprägten Insel durch zwei Meeresbewohner – Sprechblase: „Dies alles, mein Sohn, wird eines Tages dir gehören"
⬩ Thema und Aussageabsicht des Zeichners: Veranschaulichung der Folgen der Klimakrise durch karikierende Darstellung einer kommenden Bedrohung mit der Folge des Untergangs der abgebildeten Insel
⬩ zentrale Ursachen der dargestellten Problematik (Anstieg des Meeresspiegels):
- Erwärmung der Ozeane (thermosterischer Anstieg)

- Zunahme des Wasservolumens durch das Abschmelzen von Eis (eustatischer Anstieg)

2 ⬩ individuelle Schülerlösungen, die folgende Aspekte beinhalten können:
- zunehmende Wetterextreme und Katastrophen
- Schäden an Ökosystemen
- Bedrohung von ganzen Kulturen
- Ausbreitung von Krankheiten
- Klimaflüchtlinge

— AUFGABEN: KONSUM, KLIMAGERECHTIGKEIT UND KLIMAUNGERECHTIGKEIT ———— SEITE 40

1 ⬩ hoher CO_2-Verbrauch infolge der Produktion von bei uns beliebten Konsumgütern, wie z.B. Smartphones
⬩ Verstärkung der Klimakrise (z.B. Gefährdung der Philippinen durch Anstieg des Meeresspie-

gels und Überschwemmungen, Sturmfluten und Taifune, vgl. etwa Haiyan) durch den Klimakiller CO_2

2 ◺ Klimakrise als zentraler Aspekt der ökologischen Dimension der Globalisierung

◺ vom Menschen gemachte, konstruierte Grenzen zwischen Nationalstaaten nicht hilfreich für die Lösung globaler Probleme, die die gesamte Weltbevölkerung betreffen

3 ◺ Post anlässlich der extremen Kältewelle in den USA im November 2018

◺ Leugnung der globalen Erderwärmung

◺ mangelndes Verständnis Trumps im Hinblick auf den Unterschied zwischen Wetter und Klima

◺ Versuch der Überzeugung von Klimaleugnern mithilfe von wissenschaftlichen Erkenntnissen und Hinweis auf das Schicksal der kommenden Generationen

◺ Aufgrund der Existenz von Fake News und Pseudoargumenten (z. B. „Die Klimakrise ist nicht vom Menschen gemacht.", „Es gab schon immer Warm- und Kaltzeiten.", „CO_2 ist gar nicht für die Erderwärmung verantwortlich.") ist es aber insgesamt schwierig und mühsam, Klimaleugner wie Trump oder auch innerhalb der AfD zu überzeugen.

4 ◺ Klimagerechtigkeit: gleiches Nutzungsrecht aller Menschen (unabhängig von Herkunft, Alter, Geschlecht, Religion etc.) an der Atmosphäre und den Ressourcen unserer Umwelt

◺ Klimaungerechtigkeit: Produktion der Hälfte aller Emissionen durch die reichsten 10% der Menschheit – Produktion von 10% der Emissionen durch die Hälfte der Menschheit; besondere Gefährdung der an der Klimakrise am wenigsten Verantwortlichen durch die Folgen der Klimakrise

AUFGABEN: DAS PROJEKT SIKAT: GEMEINDEBASIERTE KLIMAWANDELANPASSUNG UND RESSOURCENMANAGEMENT AUF DER INSEL SIARGAO ──────────────── SEITE 41

1 ◺ zentrale Bedeutung der Fischerei für das (Über-)Leben einer Million Filipinos*Filipinas

◺ dramatische Reduktion des Fischbestandes und damit Verschlechterung der Ernährungssituation unzähliger Menschen

◺ durch Folgen der Klimakrise: Risiken wie Überschwemmungen und Sturmfluten, insbesondere im Osten der Philippinen

◺ Siargao: östlichste Insel der Philippinen, durchschnittlich nur etwa sechs Meter über dem Meeresspiegel, Abhängigkeit von der Fischerei bei etwa 80% der dortigen Bevölkerung, Gefährdung der Mangrovenwälder, die Schutz vor Überschwemmungen bieten, durch Holzeinschlag und Umweltverschmutzung

◺ Gefährdung und Zerstörung von Lebensräumen durch stark angestiegenen Tourismus

2 ◺ Aufklärungsarbeit, z. B. im Hinblick auf die mit der Abholzung der Mangrovenwälder einhergehenden Gefahren

◺ Vermittlung von Kenntnissen, z. B. über alternative Fangmethoden

◺ Hilfe zur Selbsthilfe

AUFGABEN: DIE ZUKUNFT DER PHILIPPINEN – SZENARIEN ENTWICKELN ──────────── SEITE 42

1 ◺ Analyse des Problems:
- dauerhafter Anstieg der Klima-Mittelwerte (schneller als bei historisch natürlichen Klimaveränderungen)
- andauernde, vom Menschen verursachte Anreicherung von Treibhausgasen, z. B. CO_2 als Ursache
- Verschiebung natürlicher Klimaprozesse und Vorkommen von bestehenden Ökosystemen

◺ negatives Extremszenario:
- Auswirkungen der globalen Erderwärmung auf die Umwelt, z. B. Aussterben von Tier- und Pflanzenarten, Rückgang von Korallenriffen, Wetterextreme, verstärkte Gletscherschmelzen, Anstieg des Meeresspiegels
- drastische Gesundheitsrisiken und Versorgungsengpässe
- für die Philippinen besonders weitere Naturkatastrophen (Taifune, Überschwemmungen) und Nahrungs- sowie Finanzeinbußen durch Verschiebung der Fischbestände

△ positives Extremszenario:
- Umdenken in der globalen Bevölkerung und rasche Umsetzung effektiver Gegenschritte
- radikale Reduzierung der Treibhausemissionen
- Rückgang des Temperaturanstiegs auf ein natürliches Niveau

△ Trendszenario:
- aktuell gehen Projektionen davon aus, dass die Bemühungen zur Reduktion von Emissionen viel zu langsam sind

- setzt sich dieser Trend fort, trifft wahrscheinlich (je nach Wechselwirkungen) das negative Extremszenario ein

△ Maßnahmen zur Problemlösung:
- Pariser Klimaabkommen von 2015: Ziel der Begrenzung der Erderwärmung auf max. 1,5 °C
- damit einhergehend Überprüfung und Anpassung der nationalen Ziele und der Umsetzung

Indien – für alle Zeiten in einer Schublade?

AUFGABEN: STECKBRIEF: INDIEN — SEITE 44

1 △ individuelle Schülerlösungen, die folgende
2 zentrale Informationen beinhalten sollten:
- siebtgrößtes Land der Erde mit der Hauptstadt Neu-Delhi
- Hinduismus als Hauptreligion des Landes (circa 80,5 %)

- parlamentarische Demokratie
- innere Konflikte im Bereich Kastensystem, Stellung der Frauen, sexuelle Gewalt, aber auch äußerer Konflikt mit Pakistan

AUFGABEN: BIOGRAFIEN — SEITE 45

1 △ individuelle Schülerlösungen, die auf folgende Punkte abheben könnten:
- sog. „Tellerwäscherkarriere"
- Besetzung eines der höchsten Staatsposten ohne abgeschlossene Berufsausbildung

3 △ mögliche Aspekte für die Existenz einer „Politikerkaste":
- abgehobenes Establishment

- Selbstrekrutierung
- Korpsgeist

△ mögliche Aspekte gegen die Existenz einer „Politikerkaste":
- keine formellen Schranken
- reale Beispiele erfolgreicher Durchbrechung der Schranken
- Rekrutierung durch demokratische Wahlen

AUFGABEN: DAS INDISCHE KASTENSYSTEM — SEITE 47

1 △ Kastensystem als komplexes, primär abzulehnendes, sekundär gleichzeitig rätselhaftes wie verständliches Phänomen mit indischer Ausprägung als einer von mehreren

△ tabubelastetes Thema

△ starkes Bevölkerungswachstum aufgrund des technischen Fortschritts im Bereich Hygiene, aber auch Landwirtschaft mit der Notwendigkeit des Entstehens sekundärer Wirtschaftstätigkeiten

△ Regulierung eines beiderseits auskömmlichen Tauschverhältnisses landwirtschaftlicher und handwerklicher Produktion durch Aufbau von Schranken, etwa Verknappung durch Verheiratungsverbote

△ Notwendigkeit eines religiösen Überbaus zur Legitimierung dieser Schranken, Rolle des Priestertums

△ Entstehung der Kasten mit einem Überhang bei der untersten Kaste, die das Bruttosozialprodukt erwirtschaftet, während die höheren auf deren „Kosten leben"

◿ Stabilisierung des Systems durch das Konzept von Reinheit bzw. Unberührbarkeit

◿ mögliches Schaubild: Form eines Hauses bzw. einer Pyramide

2 ◿ Informationen des Textes zum mittelalterlichen Zunftsystem:
- Verheiratung einer Tochter eines Zunftmeisters außerhalb der Zunft nur mit Zustimmung des Zunftobermeisters
- Verhinderung der Verbreitung von Zunftgeheimnissen
- Deklarierung der Einheiratung als Sünde

• Weitergabe des Beamtenstatus bei deutschen Förstern bis in die 1960er-Jahre

3 ◿ mögliche gesellschaftliche Konsequenzen eines Kastensystems:
- Starrheit
- soziale Ungleichheit
- fehlende Aufstiegsmotivation
- gewisse Inzucht
- wenig Innovation durch strukturelle Beharrsamkeit
- Unzufriedenheit, Rebellion bei unteren Gruppierungen, Wunsch nach Teilhabe
- gesellschaftlicher Defätismus

___ **AUFGABEN: PEOPLE LED DEVELOPMENT (PLD)** _____ **SEITE 48**

1
2 ◿ individuelle Schülerlösungen, die folgende
3 zentrale Informationen beinhalten sollten:
- Selbstorganisation, Gemeinsamkeit, Zusammenarbeit, Grenzüberschreitung, Verstetigung
- Orientierung am Menschen

• grundlegende Orientierung an Veränderung, nicht an der Beharrung
• Weg von der Wohlfahrt zur Ermächtigung
• Betonung individueller Eigenschaften in der Gruppe statt Betonung der Merkmale lediglich der Gruppe/Kaste

___ **AUFGABEN: MAHATMA GANDHI** _____ **SEITE 49**

1
2 ◿ individuelle Schülerlösungen, die folgende Aspekte enthalten könnten:
- radikale Gewaltlosigkeit
- Bescheidenheit

• hohe Authentizität, Vertrauenswürdigkeit
• Vorbild auch gerade in der heutigen als egoistisch und kalt empfundenen Zeit

Indonesien – der Islam und die anderen

___ **AUFGABEN: STECKBRIEF: INDONESIEN** _____ **SEITE 50**

1 ◿ individuelle Schülerlösungen, die für Indonesien folgende zentrale Informationen beinhalten sollten:
- weltgrößter Inselstaat
- traditionell gemäßigter Islam als bei Weitem größte Religionsgruppe (ca. 87 %)

• autoritäres Regime
• Konfliktregion Aceh mit einem islamistischen Separatismus

AUFGABEN: WEISST DU, WER ICH BIN? SEITE 51

❶
❷ 🔺 individuelle Schülerlösungen, die folgende
❸ zentrale Aspekte enthalten könnten:

• Kooperation dreier Weltreligionen durch Orientierung an der Musik
• keine andauernde Reflexion des Verhältnisses, sondern gemeinsame Beschäftigung mit etwas Anderem

• Betonung von Fähigkeiten wie Musikalität und nicht äußeren Aspekten einer Person wie Religion oder Herkunft
• Musik als häufige Methode in Projekten der sogenannten „Dritten Welt"

AUFGABEN: INDONESIEN. RELIGIÖSE TOLERANZ AUF DEM RÜCKZUG SEITE 53

❶ 🔺 Beleidigung des Islam durch ein Gedicht auf einer Modenschau?

🔺 Anklagen mit dem Vorwurf der Blasphemie als Element der Gefährdung traditioneller indonesischer Toleranz

🔺 Religionsfrieden durch das Konzept der „Einheit in Verschiedenheit"

🔺 Religionskonflikte als Stellvertreterkriege

❷ 🔺 Jan Böhmermanns „Schmähgedicht" gegen den türkischen Präsidenten Erdogan als mögliches Beispiel

❸ 🔺 mögliche Chancen von Kunst hinsichtlich politischer bzw. gesellschaftlicher Einflussnahme:
• Bewusstseinsveränderung
• Sphäre jenseits des offensichtlich Politischen
• Möglichkeit der Verschlüsselung politischer oder gesellschaftlicher Aussagen

🔺 mögliche Grenzen von Kunst hinsichtlich politischer bzw. gesellschaftlicher Einflussnahme:
• seltene finanzielle Unabhängigkeit bei Künstlern (Sponsoren, Kunstmarkt, Fördertöpfe, …)
• Abdrängung in die Sphäre der Unterhaltung
• oftmals nur spezielle Zielgruppen, wenig Erreichbarkeit für die große Menge

AUFGABEN: „SUPERMAN IS DEAD". MIT PUNK-ATTITÜDE FÜR BALIS NATUR SEITE 55

❶ 🔺 Einsatz der Prominenz der Punk-Band „Superman is Dead" gegen ein touristisches Projekt mit umweltzerstörender Wirkung

🔺 Attitüde des Anti-Establishments bzw. der fundamentalen Systemkritik

🔺 Ambivalenz des Tourismusbooms

🔺 Gefährdung von Artenvielfalt und kulturellem Erbe unter Verweis auf die Schaffung von Arbeitsplätzen und die Förderung von Entwicklung

🔺 Nutzung moderner Mittel, etwa der „social media"

🔺 Ungewöhnlichkeit des Engagements angesichts der großen kulturell bedingten Duldsamkeit der balinesischen Bevölkerung

❷ 🔺 mögliche Aspekte zu „Chance einer fehlenden religiösen Bindung":
• Unabhängigkeit
• Offenheit, weniger Denkverbote
• weniger Vereinnahmung durch manche Kreise
• Ansprache weiterer Bevölkerungsgruppen

🔺 mögliche Aspekte zu „Hindernis der fehlenden religiösen Bindung":
• fehlende Autorität
• sachfremde Diskussionen
• reduzierte Akzeptanz in manchen Bevölkerungskreisen und der Öffentlichkeit

❸ 🔺 mögliche Aspekte des positiven Nutzens prominenten Einsatzes:
• Erreichen breiter und für manche Projekte eher unüblicher Zielgruppen
• Öffentlichkeitswirksamkeit
• Vorbildwirkung mit Nachahmereffekt

🔺 mögliche Aspekte des fehlenden Nutzens prominenten Einsatzes:
• Verprellen von „Nicht-Anhängern"
• Erzeugen von Skepsis hinsichtlich der Lauterkeit der Motive
• mögliche Oberflächlichkeit

Syrien – Zerstörung, Tod und Flucht

1 ✍ individuelle Schülerlösungen, die folgende zentrale Informationen beinhalten sollten:

- seit 2011: Krieg in Syrien; dadurch bedingt stetige Abnahme der Einwohnerzahl durch Tod und Flucht
- Beginn mit den Protesten des Arabischen Frühlings
- Ruf nach Demokratisierung und Freiheit in Syrien aufgrund der Unterdrückung durch die Diktatur Baschar al-Assads
- Gemengelage unterschiedlicher Interessen:
  - Unterstützung der Regierungsseite durch Russland und den Iran
  - Unterstützung der Rebellenseite durch die USA, Israel, Saudi-Arabien und die Anti-IS-Koalition
  - weitere Akteure: Türkei, Kurden, IS

- Stellvertreterkrieg, „Kleiner Weltkrieg"
- Versagen der internationalen Gemeinschaft und Voranschreiten des Niedergangs und Verfalls Syriens

2 ✍ Vergleich und tabellarische Übersicht mit dem Ergebnis der grundlegenden Unterschiede zwischen dem Leben der Menschen in Syrien und der BRD, z. B. im Hinblick auf:
- Krieg vs. Frieden
- Diktatur vs. Demokratie
- Gewalt vs. Sicherheit

1 ✍ individuelle Schülerlösungen, die folgende Aspekte beinhalten könnten:
- Angst
- Mitleid mit dem Mädchen
- Hoffnung auf Veränderung

✍ Widersprüchlichkeit der Berichterstattung
✍ Bericht von Korrespondenten oft aus weit von Syrien entfernten Ländern oder Städten
✍ besondere Bedeutung medialer Berichterstattung aufgrund der meinungsbildenden sowie -lenkenden Funktion der Medien

1 ✍ Krieg und Gewalt
✍ Armut und fehlende Zukunftsaussichten
✍ Diskriminierung und Verfolgung
✍ Landraub
✍ Umweltzerstörung und Klimakrise

2 ✍ mögliche Argumente, die für eine Flucht sprechen:
- keine Perspektive in der Heimat
- kein Ende des Kriegs absehbar
- Wiederaufbau wird Jahre in Anspruch nehmen

✍ mögliche Argumente, die gegen eine Flucht sprechen:
- Familie und Freunde in der Heimat
- neue Sprache und andere Kultur im Ausland
- Start bei „Null"
- Bildungsabschlüsse werden im Ausland evtl. nicht anerkannt
- Flucht ist teuer und gefährlich
- Mithilfe beim Wiederaufbau des Heimatlandes

AUFGABEN: DIE DEUTSCHEN UND DIE SOGENANNTE FLÜCHTLINGSKRISE ———————— SEITE 59

1 Sichtweisen und Argumente der Passanten in der Fußgängerzone:

- Agathe Alshammer: ablehnende Haltung gegenüber Flüchtlingen; vorurteilsbehaftete Darstellung (vgl. Kriminalität, „liegen uns auf der Tasche")
- Cecilia Crohn: Erfahrung der gegenseitigen Bereicherung und des gegenseitigen Lernens, Hervorhebung der Fluchtursachen, Hilfe als humanitäre Verpflichtung, historische Verantwortung Deutschlands
- Laura Laufer: Betonung der Vorteile einer multikulturellen Gesellschaft, Möglichkeit des gegenseitigen Austauschs, Verweis auf positive wirtschaftliche Effekte in der Zu-

kunft (vgl. Erfahrungen des Wirtschaftswunders und der Leistung der Gastarbeiter)
- Richard Reuter: Chancen der Einwanderung im Hinblick auf den demografischen Wandel und Fachkräftemangel, Investitionen in die Integration der Flüchtlinge als zukünftige Rendite in Form der Konsolidierung der sozialen Sicherungssysteme
- Zacharias Zaiser: Betonung der eventuellen Gefahren der Zuwanderung (vgl. Konflikte mit Einheimischen, Probleme in den Schulen, Belastung der sozialen Sicherungssysteme, zukünftige Steuererhöhungen), Ungerechtigkeit im Hinblick auf die Verteilung der Flüchtlinge in der Europäischen Union

AUFGABEN: RAFIK SCHAMI: SAMI UND DER WUNSCH NACH FREIHEIT ———————— SEITE 62

2 Flucht über die Türkei
Zurücklegen weiter Strecken zu Fuß – Opfer von Raub und körperlicher Gewalt
Erfahrung von Hilfe (vgl. gemeinsames Essen mit einem Albaner)
in Deutschland: Asyl in der Pfalz
Belegen eines Deutschkurses
Kontakt zu Klaus und Franziska

3 gastfreundliche Menschen
beide Mitte 60 und kinderlos
Klaus: 30 Jahre bei einem großen Konzern als Chemiker, seit drei Jahren Rentner, Freude an der Gartenarbeit
Franziska: bis zu ihrer Pensionierung vor einem Jahr leidenschaftliche Lehrerin, gute Köchin
tierlieb, haben einen Hund namens Agros
gläubige Protestanten

humorvoll (vgl. Reaktion auf Scharifs Frage bezüglich des Innenraums einer evangelischen Kirche)
kommunikativ
offen und tolerant
hilfsbereit
Es sollte deutlich werden, dass es keineswegs selbstverständlich ist, wie sich Klaus und Franziska seit Scharifs Erscheinen in Deutschland verhalten (vgl. Klaus und Franziska als positive Modelle).

4 Vermutungen zu Samis Vergangenheit, vgl. „Geschichte seiner Narben", z. B. könnten genannt werden:

- Verlust des Freundes- und Bekanntenkreises und von Verwandten
- Zerstörung von Eigentum
- Opfer psychischer sowie physischer Gewalt

MISEREOR-Projekt „Jiyan Foundation for Human Rights"

— AUFGABEN: DIE JIYAN FOUNDATION ———————————————— SEITE 63

2 ✍ individuelle Schülerlösungen, die folgende Akteure beinhalten können:
- Verwandte
- Freundeskreis
- sonstige Einzelpersonen
- Staat
- überstaatliche Bündnisse
- Hilfsorganisationen

3 ✍ individuelle Schülerlösungen, die folgende Aspekte beinhalten können:
- überstaatliche Bündnisse: Ergreifen von friedensstiftenden Maßnahmen (z. B. Resolutionen der Vereinten Nationen)
- Regierungen einzelner Staaten: Deutschland: Übernahme der Funktion als Mittler, bi- und multilaterale Friedensbemühungen, Aufnahme von Verhandlungen
- deutsche Entwicklungszusammenarbeit auf staatlicher Ebene: Aufbaumaßnahmen vor Ort, Kreditvergabe
- Hilfsorganisationen: Einsatz für Betroffene durch lokale Partnerorganisationen, Erregen von Aufmerksamkeit über die Medien zur Schaffung eines Problembewusstseins für die Situation der Menschen; Spendenaufrufe
- Verwandte, Freundeskreis, sonstige Einzelpersonen: verschiedene Formen der persönlichen, evtl. auch finanziellen Unterstützung
- akteursübergreifend: Aufbaumaßnahmen vor Ort

— AUFGABEN: ZWISCHEN TRAUMA UND HOFFNUNG: DIE ARBEIT DER JIYAN FOUNDATION ——— SEITE 64

1 ✍ Bereitstellung von verschiedenen Hilfsmaßnahmen zur psychischen und physischen Rehabilitation und Wiedereingliederung in das (gesellschaftliche) Leben nach traumatischen Kriegserfahrungen
✍ Hilfen in sechs Schwerpunktbereichen:
- Programm für Opfer von Folter und Gewalt
- Programm für Überlebende von Völkermord und ethnischer Verfolgung
- Programm für Flüchtlinge und Minderheiten
- Programm für Frauen und Mädchen
- Programm für Kinder und Jugendliche
- Programm für Demokratie und Zivilgesellschaft

— AUFGABEN: ZWISCHEN TRAUMA UND HOFFNUNG: BASMAS SCHICKSAL ——————— SEITE 65

1 ✍ individuelle Schülerlösungen, die folgende Aspekte beinhalten können:
- Schock
- Sprachlosigkeit angesichts der Brutalität
- Mitleid

2 ✍ Möglichkeiten von Hilfsorganisationen:
- wichtige Meinungsmacher und Interessenvertreter
- Erregen von Aufmerksamkeit durch öffentlichkeitswirksame Aktionen, z. B. über die Medien
- Ausübung von Druck auf politische und wirtschaftliche Entscheidungsprozesse
- direkte Hilfe für Betroffene, hier Traumabearbeitung durch psychosoziale Hilfe

✍ Grenzen des Einflusses von Hilfsorganisationen:
- keine (direkten) politischen und wirtschaftlichen Entscheidungsträger*innen
- Gefahr der Blockade und Ineffizienz der Maßnahmen durch konkurrierende Organisationen bzw. bürokratische Hürden
- Einschränkung in der Arbeit bis hin zum Verbot durch Staaten

3 ✍ individuelle Schülerlösungen, die folgende Aspekte beinhalten können:
- Leisten von Aufklärungsarbeit
- aktive Teilhabe am gesellschaftlichen Leben, z. B. durch (ehrenamtliches) Engagement
- Sammeln von Spenden
- Durchführung von Projekttagen

Paraguay – mein Land, dein Land, unser Land

AUFGABEN: STECKBRIEF: PARAGUAY

SEITE 66

1 ✍ individuelle Schülerlösungen, die folgende zentrale Informationen beinhalten sollten:

- Prägung durch spanische Fremdherrschaft
- im 20. Jahrhundert Militärputsche, Diktatur Stroessners, seit 1989 wieder demokratische Regierung
- Korruption und Vetternwirtschaft
- Landraub mit der Folge der Landkonzentration in den Händen weniger Personen
- extremes Auseinanderklaffen der Schere zwischen Arm und Reich

2 ✍ Gemeinsamkeiten z. B.:

- Erfahrung von Diktatur im 20. Jahrhundert
- zunehmendes Auseinanderklaffen einer Schere zwischen Arm und Reich ist auch in der BRD erkennbar

✍ Unterschiede z. B.:

- geschichtliche Prägung, vgl. Kolonialherrschaft vs. dezentrale Prägung der deutschen Staaten seit dem Mittelalter (vgl. „Flickenteppich")
- politische Prägung, vgl. andere Mechanismen und Unterschiede in der Ausprägung des demokratischen Regierungssystems sowie rechtsstaatlicher Ordnung

AUFGABEN: DIE SOJABOHNE – FREUND ODER FEIND?

SEITE 67

1 ✍ Beschreibung: Darstellung einer Szene aus dem Alltag – Ablehnung des von der Mutter zubereiteten Essens durch quengelndes Kind – Sprechblase der Mutter: „Man wirft nicht mit Würstchen!! Dafür musste ein Schweinchen ganz viel Soja fressen, und viele arme Kinder mussten tagelang hungern …!!!"

✍ möglicher Themenbezug: Erziehung, Schaffung eines Bewusstseins für die Herkunft von Lebensmitteln, Soja-Anbau als Futtermittel, um Fleischkonsum zu decken

✍ Interpretation und (angedeutete) Problemstellungen: Kritik des Zeichners am Verhalten des Kindes und zugleich Hilflosigkeit der verzweifelt wirkenden Mutter trotz ihrer Erklärungsversuche – Soja als Schweinefutter, Anbau in fernen Ländern mit problematischen Folgen

2 ✍ individuelle Schülerlösungen, die folgende zentrale Informationen beinhalten sollten:

	Vorteile	Nachteile
Fleischesser	• Fleisch liefert in hoher Dichte wichtige Nährstoffe, wie z. B. Eiweiß, Vitamin A, B, B12, D, Eisen, Jod und Kalzium	• höhere Wahrscheinlichkeit von Erkrankungen, wie z. B. Übergewicht, Bluthochdruck, … • schlechtere Klimabilanz • Massentierhaltung • Tiere sind Lebewesen!
Flexitarier	• keine Mangelernährung: Fleisch und Fisch in Maßen • reduzierteres Risiko von Erkrankungen, wie z. B. Übergewicht, Bluthochdruck, … • Beitrag zum Klimaschutz	• Risiken wie bei Fleischessern (s. oben), jedoch in reduzierter Form • schlechtere Klimabilanz als bei Vegetariern, Veganern oder Pescetariern
Pescetarier	• geringeres Risiko einer Mangelernährung • bessere Klimabilanz als bei Fleischessern	• höhere Wahrscheinlichkeit von Lebensmittelallergien • einige Nährstoffe fehlen

Vegetarier	• reduzierte Fett- und Cholesterinaufnahme • bessere Klimabilanz • Schutz von Tieren	• einige Nährstoffe fehlen • Ersatzprodukte oft teuer
Frutarier	• Schutz von Lebewesen (inkl. Pflanzen) • bessere Klimabilanz	• höhere Wahrscheinlichkeit von Lebens-mittelallergien • wichtige Nährstoffe fehlen, dafür evtl. zu hoher Fruchtzucker-Konsum
Veganer	• reduzierte Fett- und Cholesterinaufnahme • bessere Klimabilanz • Schutz von Tieren	• höhere Wahrscheinlichkeit von Lebens-mittelallergien • höhere Wahrscheinlichkeit einer Mangel-versorgung • Ersatzprodukte oft teuer, Schwierigkeiten beim Restaurantbesuch usw.

AUFGABEN: MEIN LAND, DEIN LAND, UNSER LAND – EIN ROLLENSPIEL SEITE 68

❶ 🖎 zentrale Ausgangssituation und Positionen der Beteiligten am „Runden Tisch":

🖎 Alexis Rojas, Kleinbauer (35 Jahre):
  • einfaches, aber glückliches Leben als Klein-bauer auf geerbtem Land
  • Grund und Boden als Existenzgrundlage seiner Familie
  • Verkaufsangebot von Seiten des Agrarkon-zerns „Sojafit"

🖎 Pablo Capitalini, Chef des Agrarkonzerns „Soja-fit" (40 Jahre):
  • große Investitionen und Aufkauf von Flä-chen zum Zwecke des Sojaanbaus
  • Bedeutung des Landes von Alexis Rojas zum Entstehen einer zusammenhängenden und damit besonders produktiven Fläche
  • Kontaktaufnahme und Versprechen der Un-terstützung des Bürgermeisters
  • „Zeit ist Geld!"

🖎 Pedro de la Cruz, Bürgermeister von San Juan (55 Jahre):
  • Hoffnung auf Investitionen von Großkonzer-nen in San Juan als Impuls für die heimische

Wirtschaft (Steuereinnahmen und Schaffung von Arbeitsplätzen!)
  • versprochene finanzielle Unterstützung durch den Chef von „Sojafit" als willkomme-ner Beitrag zur Durchführung des anstehen-den Wahlkampfes

🖎 Hector Gómez, Vorsitzender des Verbands der Kleinbauern*Kleinbäuerinnen (60 Jahre):
  • Eingreifen auf Bitten von Alexis Rojas
  • gegenüber den Investitionen von Großkon-zernen zwiegespalten
  • einerseits: Chance für die Region durch die mögliche Entstehung von Arbeitsplätzen und damit eventuell einhergehende Moder-nisierungen in der Landwirtschaft
  • andererseits: Frage der tatsächlichen Einhal-tung angekündigter Versprechen durch die Großkonzerne sowie Gefahr der Korruption von Politikern*Politikerinnen und Vettern-wirtschaft
  • Einnehmen einer möglichst vermittelnden Rolle

AUFGABEN: KANN SOJA TÖTEN? SEITE 71

❶ 🖎 großer Gewinn von multinationalen Konzernen wie Bunge, Cargill, Louis Dreyfuss
🖎 hoher Gewinn für lokale Agraroligarchien
🖎 weitere Nutznießer*innen: Samenhändler mit ihrem patentierten, genmanipulierten Saatgut

(z. B. Monsanto und Syngenta) sowie die Ma-schinenherstellung
🖎 Soja in erster Linie als Konsumgut, als Futter-mittel für Tiere, um den Fleischhunger in Eu-ropa und Asien zu stillen

② ⬩ Vertreibung (Landraub) von Kleinbauern zur Schaffung großer zusammenhängender Anbaugebiete für Soja

⬩ Entwaldung, Vergiftung und Verarmung der Böden, Verlust der Artenvielfalt, Anstieg von Schädlingen auf den kleinbäuerlichen Betrieben, Zunahme von Gewalt und Menschenrechtsverletzungen

⬩ nicht mehr existente Autarkie Paraguays, Notwendigkeit von Lebensmittelimporten aus Argentinien und Brasilien

⬩ Ausbreitung von Krankheiten

⬩ „Soja wird von der Regierung als Heilsbringer angepriesen, aber sie ist eigentlich eine Katastrophe."

④ ⬩ in Folge der Übernahme: Bayer als führender Anbieter von Pflanzenschutzmitteln und Saatgut in der Welt (Marktdominanz!)

⬩ Betonung der Chancen durch Bayer, z. B. in Bezug auf die Entwicklung neuer Technologien und leistungsfähigen Saatguts sowie die Entwicklung neuer Pflanzenschutzmittel mit der Konsequenz der besonderen landwirtschaftlichen Produktivität (vgl. Steigerung der Ernteerträge)

⬩ Probleme, z. B.:
- Abhängigkeit der Landwirte von den Lösungen der Großkonzerne
- keine Alternativen für Bioanbau
- keine Anpassungen an die lokalen natürlichen Ressourcen und Gegebenheiten
- fehlende Experimentierfreudigkeit
- im Falle von Fehlern bei Oligopolen (Märkte mit wenigen, dafür sehr großen und einflussreichen Anbietern): Vervielfachung der negativen Folgen
- Klagen wegen Glyphosat, Schadensersatzansprüche, Verlust auch an der Börse, schlechtes Image in der Bevölkerung

— **AUFGABEN: JUAN BAÉZ** ——————————————————————————— **SEITE 72**

① ⬩ Vermittlung botanischer Kenntnisse

⬩ unbürokratische Hilfe

⬩ Ziel: Bewahrung der Kultur der Indígenas und gleichzeitige Öffnung für innovative Methoden wie Agroforstwirtschaft oder Fischzucht zur nachhaltigen Verbesserung der Ernährungs- und Lebensqualität der Indígenas

② ⬩ Agroforstwirtschaft: landwirtschaftliches Produktionssystem mit Kombination von Elementen des Ackerbaus mit Elementen der Forstwirtschaft

⬩ Vorteile der Agroforstwirtschaft sind z. B.:
- Vermeidung von Monokulturen
- Entstehen von kostenlosem Dünger
- Lebensraum für Tiere

⬩ Nachteile der Agroforstwirtschaft sind z. B.:
- anfänglich höhere Kosten und höherer Aufwand für die Bewirtschaftung
- evtl. langsameres Wachstum durch Konkurrenz zwischen Bäumen und Ackerflächen um Licht, Nährstoffe und Wasser

El Salvador – Hilfe, ein Jugendlicher!

— **AUFGABEN: STECKBRIEF: EL SALVADOR** ——————————————— **SEITE 73**

①
② ⬩ individuelle Schülerlösungen, die folgende zentrale Informationen beinhalten sollten:
- flächenmäßig kleinstes Land Zentralamerikas
- höchste Bevölkerungsdichte Zentralamerikas
- Prägung durch spanische Fremdherrschaft, Militärregimes im 20. Jahrhundert, Bürgerkrieg, Demokratie „in den Kinderschuhen"
- eines der gewalttätigsten Länder der Welt
- „Maras" (kriminelle Banden von Kindern und Jugendlichen) als massives Problem und Ursache für die Migration vieler Menschen aus El Salvador

AUFGABEN: JUGENDKRIMINALITÄT – EINE ANNÄHERUNG SEITE 74

1 ⟁ individuelle Schülerlösungen, die folgende Aspekte beinhalten könnten:
- Leichtsinn
- Übermut
- Streben nach Prestige
- Anerkennung
- Armut
- soziale Notlagen
- Zugehörigkeit zu einer Gruppe

AUFGABEN: JUGEND OHNE MACHT SEITE 76

1 ⟁ Angst
⟁ Zwang
⟁ familiäre Verbindungen
⟁ Macht
⟁ Attraktivität der Masse und „Dazugehören-Wollen"
⟁ mangelnde Zukunftsperspektiven

3 ⟁ einerseits: passender Titel aufgrund der in El Salvador herrschenden Ohnmacht und Perspektivlosigkeit der Jugendlichen
⟁ andererseits: Möglichkeiten des Einzelnen des Durchbrechens des Teufelskreises (vgl. Positivbeispiel Miguel Vásquez)

AUFGABEN: ÓSCAR ROMERO SEITE 77

1 ⟁ Erläuterung der Gründe für die Heiligsprechung sowie Charakterisierung Romeros unter Berücksichtigung zentraler Aspekte und Forderungen der Befreiungstheologie könnten z. B. sein:
- Nächstenliebe und Ablehnung von Gewalt
- Freigiebigkeit und Einsatz für die Armen
- Gerechtigkeit
- Hoffnung
- Liebe
- aktives Eingreifen der Kirche
- Betonung der Verantwortung staatlicher Entscheidungsträger gegenüber Armen und Unterdrückten
- Aufopferung für Andere (vgl. Romeros Tod)

Kolumbien – nach dem Krieg ist vor dem Leben

AUFGABEN: STECKBRIEF: KOLUMBIEN SEITE 79

1 ⟁ individuelle Schülerlösungen, die folgende fünf zentrale Informationen beinhalten könnten:
- Hauptstadt Bogotá
- Städte Cali oder Medellín bekannt geworden als „Drogenhochburgen", heute wichtige Industriestandorte
- größte ethnische Vielfalt in Südamerika
- Benennung nach Kolumbus
- lange Jahre Bürgerkrieg und innere Konflikte

AUFGABEN: BILDER VON KOLUMBIEN SEITE 80

2 ⟁ individuelle Schülerlösungen mit folgenden möglichen Aspekten einer Antwort:
- mehr Farbenpracht und Lebensfreude als erwartet
- moderne Skyline
- Kolonialerbe
- Kulturpflege

AUFGABEN: FRÜHERE REBELLENHOCHBURG IN KOLUMBIEN. FERIEN IM GUERILLA-DORF ———— SEITE 82

1 ⊿ Chancen des touristischen Wandels:
- neues wirtschaftliches Standbein
- Modernisierung, Stadtentwicklung, Elektrizität
- Devisen
- berufliche Alternativen

⊿ Grenzen des touristischen Wandels:
- Gefahren durch Klimakrise
- mögliches Wiederaufflammen der Konflikte
- ökologische Nachhaltigkeit
- Erdölförderung

2 ⊿ individuelle Schülerlösungen, die wie folgt ausfallen könnten:
- Versuche, mit den Bewohnern ins Gespräch zu kommen, und sei nicht ignorant.
- Verhalte dich respektvoll gegenüber den Einheimischen und gegenüber der Natur.
- Bringe nicht alles mit, sondern kurble durchaus die örtliche Wirtschaft ein wenig an.
- Sei nicht sensationslüstern, aber dennoch interessiert.
- Bediene nicht schlechte „Touristenklischees", um das Projekt nicht auf diesem Wege zum Scheitern zu bringen.

AUFGABEN: DER KAMPF NACH DEM KAMPF ———————————————————————————— SEITE 83

1 ⊿ Verlust des Rückhalts der ehemaligen Kameraden

⊿ Ablehnung durch die Gesellschaft

⊿ fehlendes Einhalten politischer Versprechungen

⊿ schlechte wirtschaftliche Perspektiven

2 ⊿ individuelle Schülerlösungen, die folgende Aspekte enthalten könnten:
- radikales Verbot von Drogen oder Waffen
- volle Gesetzestreue
- ausbleibende politische Agitation und Provokationen
- Sachorientierung
- langer Atem
- Stolz auf Erreichtes, selbst bei nur kleinen Etappenzielen

3 ⊿ individuelle Schülerlösungen, die folgende Aspekte zum „offiziellen Friedensprozess" und „Friedensvertrag" enthalten könnten:
- direkte Gespräche zwischen Regierung und FARC in Oslo bzw. Havanna mit Norwegen und Kuba als Garanten und Venezuela und Chile als Beobachtern
- Agenda des Friedensprozesses aus integraler landwirtschaftlicher Entwicklung, politischer Partizipation, Prozess zur Beendigung des Konfliktes (Waffenstillstand, Umgang mit Gefangenen, Kampf gegen kriminelle Organisationen, institutionelle Änderungen, Sicherheitsgarantien, Umgang mit Paramilitärs), Lösung des Problems der illegalen Drogen, Entschädigung der Opfer
- genaueste Klärung der Gesprächsregularien (z. B. Teilnehmerzahlen, Zeitplan)

AUFGABEN: JUAN MANUEL SANTOS ————————————————————————————————— SEITE 84

1 ⊿ Aspekte, die für die Preisverleihung sprechen, sind z. B.:
- wichtige Initiative für den Frieden
- Stärkung des angestoßenen Friedensprojekts
- persönliche Sicherheit durch internationalen Fokus

⊿ Aspekte, die gegen die Preisverleihung sprechen, sind z. B.:
- andauernde Konflikte
- noch fehlender Abschluss des Friedensprozesses, Vorschusslorbeeren
- politisches Kalkül?

Quellenverzeichnis

Alle Internetquellen wurden zuletzt am 13.5.2019 eingesehen.

Fachwissenschaftliche Einleitung

S. 6: Foto „Peace-Zeichen" © Dragon Images/shutterstock. com

S. 7: Grafik „Das zivilisatorische Hexagon": https://commons. wikimedia.org/wiki/File:Zivilisatorisches_Hexagon.svg Ogmios [CC BY-SA 3.0 (https://creativecommons.org/licenses/by-sa/3.0)]

Demokratische Republik Kongo – Rohstoffe: Segen oder Fluch?

S. 16: Karte: https://commons.wikimedia.org/wiki/File:Democratic_Republic_of_the_Congo_on_the_globe_(Africa_centered).svg TUBS [CC BY-SA 3.0 (https://creativecommons.org/licenses/by-sa/3.0)]

S. 11/16: Flagge: https://commons.wikimedia.org/wiki/File:Flag_of_the_Democratic_Republic_of_the_Congo.svg Nightstallion [Public domain]

S. 18: Text „Kongo: Kinderarbeit für Smartphones?" © Deutsche Welle/Antonio Cascais, https://www.dw.com/de/kongo-kinderarbeit-f%C3%BCr-smartphones/a-39187274, Artikel vom 11.06.2017

S. 19: Text „Magic Cobalt: Begehrtes Metall – Tendenz steigend" © Kobalt. kritisch[3], Dezember 2018, https://oenz.de/sites/default/files/kobaltstudie_2.pdf, INKOTA-Netzwerk/Ökumenisches Netz Zentralafrika (ÖNZ)

S. 20: Text „Kleinbergbau im kongolesischen Kobaltsektor: Chancen und Risiken" © Kobalt. kritisch[3], Dezember 2018, https://oenz.de/sites/default/files/kobaltstudie_2.pdf, INKOTA-Netzwerk/Ökumenisches Netz Zentralafrika (ÖNZ)

S. 20: Foto „Kleinbergbau im Kongo" © Roland Brockmann/MISEREOR

S. 22: Foto „Audry Bialura" © Roland Brockmann/MISEREOR

Sudan und Südsudan – der Staat und ich, ich und der Staat

S. 23: Karte Sudan: https://commons.wikimedia.org/wiki/File:Sudan_on_the_globe_(claimed)_(North_Africa_centered).svg TUBS [CC BY-SA 3.0 (https://creativecommons.org/licenses/by-sa/3.0)]

S. 12/23: Flagge Sudan: https://commons.wikimedia.org/wiki/File:Flag_of_Sudan.svg, [Public domain]

S. 23: Karte Südsudan: https://commons.wikimedia.org/wiki/File:South_Sudan_on_the_globe_(Africa_centered).svg TUBS [CC BY-SA 3.0 (https://creativecommons.org/licenses/by-sa/3.0)]

S. 12/23: Flagge Südsudan: https://commons.wikimedia.org/wiki/File:Flag_of_South_Sudan.svg User:Achim1999 [Public domain]

S. 25: Text „Fragile Staaten: Kein Ort zum Leben", unter: https://www.bmvg.de/de/themen/dossiers/engagement-in-afrika/herausforderungen/instabilitaet/failed-states, mit freundlicher Unterstützung der Redaktion der Bundeswehr

S. 25: Foto „Slums" © Ralf Wunder/fotolia.com

S. 26: Text „Sieben Jahre Unabhängigkeit …" © Nina Brodbeck, https://blog.misereor.de/2018/07/06/sieben-jahre-unabhaengigkeit-die-suedsudanesen-haben-keinen-grund-zum-feiern/?_ga=2.116147393.658977973.1551177864-2086494139.1551177864, Artikel vom 06.07.2018

S. 26: Foto „Kinder im Südsudan" © Uwe Bergmaier/MISEREOR

S. 27: Text „Südsudan – Schule für eine friedliche Zukunft" © https://www.misereor.de/spenden/spendenprojekte/suedsudan-schulen-fuer-den-frieden/

S. 27: Foto „Projekt Schulen im Südsudan" © Uwe Bergmaier/MISEREOR

S. 28: Foto „Alek Wek": https://commons.wikimedia.org/wiki/File:AlekWek.jpg The original uploader was Jgro888 at English Wikipedia. [CC BY-SA 2.5 (https://creativecommons.org/licenses/by-sa/2.5)]

Ruanda – Nachbar, Freund, Todfeind

S. 29: Karte: https://commons.wikimedia.org/wiki/File:Rwanda_in_its_region.svg TUBS [CC BY-SA 3.0 (https://creativecommons.org/licenses/by-sa/3.0)]

S. 12/29: Flagge: https://commons.wikimedia.org/wiki/File:Flag_of_Rwanda.svg Original:UnknownVector:Zscout370 [Public domain]

S. 30: Cartoon „Vorurteile gegenüber Minderheiten" © Thomas Körner

S. 31: Text „Ruanda. Lichtblick mit Schatten" © SZ-Artikel von Kristiana Ludwig, https://www.sueddeutsche.de/politik/ruanda-lichtblick-mit-schatten-1.4101214, Artikel vom 22.08.2018

S. 31: Foto „Kigali" © Jennifer Sophie/shutterstock.com

S. 33: Text „Fractured Lives" © https://www.misereor.de/mitmachen/ausstellungen/fractured-lives/

S. 33: Foto „Wanderausstellung Fractured Lives" © MISEREOR

S. 34: Text „Jean-Baptiste Mpungirehe …" © Marc J. Masurovsky, https://www.faz.net/aktuell/feuilleton/kunst/vielfaeltige-kunstszene-in-ruandas-hauptstadt-kigali-13729008.html?printPagedArticle=true#pageIndex_0, Artikel vom 02.08.2015

S. 35: Foto „Kigali" © Vadim Nefedoff/shutterstock.com

MISEREOR-Projekt „Vision Jeunesse Nouvelle" in Ruanda

S. 36: Text „Ruanda: Drei Monate und schon so ein Theater": © David Paul, https://blog.misereor.de/2015/11/06/ruanda-drei-monate-und-schon-so-ein-theater, Artikel vom 06.11.2015

S. 36: Zwei Fotos „Theater Ruanda" © Eric Mutuyimana/MISEREOR

Philippinen – von der Klimakrise und ihren Folgen

S. 38: Karte: https://commons.wikimedia.org/wiki/File:Philippines_on_the_globe_(Southeast_Asia_centered).svg
TUBS [CC BY-SA 3.0 (https://creativecommons.org/licenses/by-sa/3.0)]

S. 12/38: Flagge: https://commons.wikimedia.org/wiki/File:Flag_of_the_Philippines.svg
User:Achim1999 [Public domain]

S. 39: Karikatur „Klimawandel" © Erik Liebermann, in: „Glänzende Aussichten. 99 Karikaturen zu Klima, Konsum und anderen Katastrophen"

S. 41: Text „Das Projekt SIKAT …" © Steffen Ulrich/MISEREOR, internes Dokument

S. 42: Foto „Drei Wege" © StunningArt/shutterstock.com

S. 43: Text „Wendie P. Enderez und das Projekt SIKAT" © Chito Dugan/SIKAT, Übersetzung durch Autor

S. 43: Foto „Wendie P. Enderez" © Chito Dugan/SIKAT

Indien – für alle Zeiten in einer Schublade?

S. 44: Karte: https://commons.wikimedia.org/wiki/File:India_on_the_globe_(claimed_and_uncontrolled_hatched)_(Asia_centered).svg
TUBS [CC BY-SA 3.0 (https://creativecommons.org/licenses/by-sa/3.0)]

S. 13/44: Flagge: https://commons.wikimedia.org/wiki/File:Flag_of_India.svg
SKopp [Public domain]

S. 45: Foto „Joschka Fischer" © https://commons.wikimedia.org/wiki/File:Joschka_Fischer_2014_(cropped).jpg
Michael Thaidigsmann [CC BY-SA 4.0 (https://creativecommons.org/licenses/by-sa/4.0)]

S. 46: Text „Das indische Kastensystem" © Anselm Meyer-Antz, https://blog.misereor.de/2017/12/14/das-indische-kastensystem, Artikel vom 14.12.2017

S. xx: Foto „Tagelöhner an der Bandsäge" © Anselm Meyer-Antz/MISEREOR

S. 48: Grafik „PLD-Prozess" © Veränderung geht von den Menschen aus. MISEREOR-Dossier 12-2018/01-2019, S. 12

S. 49: Foto „Mahatma Gandhi" © https://commons.wikimedia.org/wiki/File:Portrait_Gandhi.jpg [Public domain], gemeinfrei, Autor unbekannt

S. 49: Zitate von Mahatma Ghandi © http://zitate.net/mahatma-gandhi-zitate?p=2

Indonesien – der Islam und die anderen

S. 50: Karte: https://commons.wikimedia.org/wiki/File:Indonesia_on_the_globe_(Southeast_Asia_centered).svg
TUBS [CC BY-SA 3.0 (https://creativecommons.org/licenses/by-sa/3.0)]

S. 13/50: Flagge: https://commons.wikimedia.org/wiki/File:Flag_of_Indonesia.svg
drawing: User:SKopp [Public domain]

S. 51: Flyer „Weißt du, wer ich bin?" © Projekt „Weißt du, wer ich bin?", durch das Bundesministerium des Innern, für Bau und Heimat gefördertes Projekt, https://www.oekumene-ack.de/themen/interreligioeser-dialog/projekt-weisst-du-wer-ich-bin

S. 52: Text „Indonesien. Religiöse Toleranz auf dem Rückzug" © Lena Bodewein, NDR, https://www.deutschlandfunk.de/indonesien-religioese-toleranz-auf-dem-rueckzug.691.de.html?dram:article_id=417277, Artikel vom 05.05.2018

S. 54: Text „‚Superman is Dead'. Mit Punk-Attitüde für Balis Natur" © Deutsche Welle/Maria Bakkalapulo, Niall Macaulay, https://www.dw.com/de/mit-punk-attit%C3%BCde-f%C3%BCr-balis-natur/a-37742710, Artikel vom 28.02.2017

S. 54: Foto „Superman is Dead" © Superman is Dead

Syrien – Zerstörung, Tod und Flucht

S. 56: Karte: https://commons.wikimedia.org/wiki/File:Syria_on_the_globe_(Afro-Eurasia_centered).svg
TUBS [CC BY-SA 3.0 (https://creativecommons.org/licenses/by-sa/3.0)]

S. 13/56: Flagge: https://commons.wikimedia.org/wiki/File:Flag_of_Syria.svg
en:Syrian Arab Republic and the en:United Arab Republic [CC BY-SA 3.0 (http://creativecommons.org/licenses/by-sa/3.0/)]

S. 57: Foto „Syrische Flüchtlinge" © Thomas Koch/ shutterstock.com

S. 60: Romanauszug „Scharif" © Rafik Schami: „Sami und der Wunsch nach Freiheit", Beltz & Gelberg in der Verlagsgruppe Beltz, Weinheim

S. 60: Foto „Rafik Schami" © https://commons.wikimedia.

org/wiki/File:Rafik_Schami_auf_der_Frankfurter_ Buchmesse_2017.jpg
Heike Huslage-Koch [CC BY-SA 4.0 (https://creativecommons.org/licenses/by-sa/4.0)]

S. 62: Foto „Ausgestreckte Hand" © Liderina/shutterstock. com

MISEREOR-Projekt „Jiyan Foundation for Human Rights"

S. 63: Foto „Girl from Sharia Camp, Duhok" © Jiyan Foundation for Human Rights e.V.

S. 64: Text „Zwischen Trauma und Hoffnung: die Arbeit der Jiyan Foundation" © https://www.jiyan-foundation.org/

de/ueber-uns/arbeit

S. 65: Text „Zwischen Trauma und Hoffnung: Basmas Schicksal" © https://www.jiyan-foundation.org/images/pdf/ zwischen-trauma-und-hoffnung

Paraguay – mein Land, dein Land, unser Land

S. 66: Karte: https://commons.wikimedia.org/wiki/File: Paraguay_on_the_globe_(South_America_centered).svg TUBS [CC BY-SA 3.0 (https://creativecommons.org/ licenses/by-sa/3.0)]

S. 14/66: Flagge: https://commons.wikimedia.org/wiki/ File:Flag_of_Paraguay.svg
Republica del Paraguay [Public domain]

S. 67: Karikatur „Soja": © Gerhard Mester, in: „Glänzende Aussichten. 99 Karikaturen zu Klima, Konsum und anderen Katastrophen", S. 16

S. 70: Text „Kann Soja töten?" © Sandra Weiss, https:// blog.misereor.de/2017/04/27/soja-anbau-in-paraguay-schwangere-haben-angst-um-ihr-baby, Artikel vom 27.04.2017

S. 70: Foto „Soja" © Mny-Jhee/shutterstock.com

S. 72: Text „Juan Baéz" © Beschreibung Gast zur Fastenaktion 2013, MISEREOR, internes Dokument

S. 72: Foto „Juan Baéz" © Florian Kopp/MISEREOR

El Salvador – Hilfe, ein Jugendlicher!

S. 73: Karte: https://commons.wikimedia.org/wiki/File: El_Salvador_on_the_globe_(Americas_centered).svg TUBS [CC BY-SA 3.0 (https://creativecommons.org/licenses/by-sa/3.0)]

S. 14/73: Flagge: https://commons.wikimedia.org/wiki/ File:Flag_of_El_Salvador.svg, [Public domain]

S. 74: Foto „Jugendlicher mit Waffe" © rachaphak/ stock.adobe.com

S. 75: Text „Jugend ohne Macht" © Sandra Weiss, https:// blog.misereor.de/2018/11/13/jugend-ohne-macht, Artikel vom 13.08.2018

S. 75: Foto „Personen in der Küche" © Helmut Schwarzbach/ MISEREOR

S. 76: Foto „Miguel" © Helmut Schwarzbach/MISEREOR

S. 77: Foto „Óscar Romero" https://commons.wikimedia.org/ wiki/File:Monse%C3%B1or_Romero_(colour).jpg Arzobispado de San Salvador; Congregatio de Causis Sanctorum [Public domain]

S. 77: Zitate von Óscar Romero: Zitate aus https:// www.misereor.de/fileadmin/publikationen/bausteine-heiligsprechung-2018-oscar-romero.pdf, S. 3

Kolumbien – nach dem Krieg ist vor dem Leben

S. 78: Karte: https://commons.wikimedia.org/wiki/ File:Colombia_on_the_globe_(San_Andr%C3%A9s_and_ Providencia_special)_(Americas_centered).svg TUBS [CC BY-SA 3.0 (https://creativecommons.org/ licenses/by-sa/3.0)]

S. 14/78: Flagge: https://commons.wikimedia.org/wiki/ File:Flag_of_Colombia.svg, [Public domain]

S. 80: Foto „Bunte Häuser" © gustavo 9917/pixabay.com

S. 80: Foto „Bogotá" © Julian Zapata/pixabay.com

S. 80: Foto „Kolonialerbe" © ShonEjai/pixabay.com

S. 80: Foto „Folklore" © wjgomes/pixabay.com

S. 81: Text „Frühere Rebellenhochburg in Kolumbien ..."

© Sandra Weiss, https://www.tagesspiegel.de/ gesellschaft/panorama/fruehere-rebellenhochburg-in-kolumbien-ferien-im-guerilla-dorf/20648598.html, Artikel vom 29.11.2017

S. 83: Text „Der Kampf nach dem Kampf" © Nils Naumann, https://chrismon.evangelisch.de/artikel/2018/40644/ e-mail-aus-bogota-ueber-ehemalige-guerillakaempfer, Artikel vom 18.09.2018

S. 84: Foto „Juan Manuel Santos" © https://commons.wiki-media.org/wiki/File:Juan_Manuel_Santos_and_Lula_ (cropped).jpg © Agencia Brasil, CC-BY-SA 3.0

MISEREOR-Projekt „Corporación Proyectarte" in Kolumbien

S. 85: Grafik „Corporación Proyectarte" © Corporación Proyectarte, https://www.corporacionproyectarte.org/ principal/?page_id=1569

S. 86: Text „Unsere zentralen Werte" © https:// www.corporacionproyectarte.org/principal/?page_ id=1569, Übersetzung durch MISEREOR

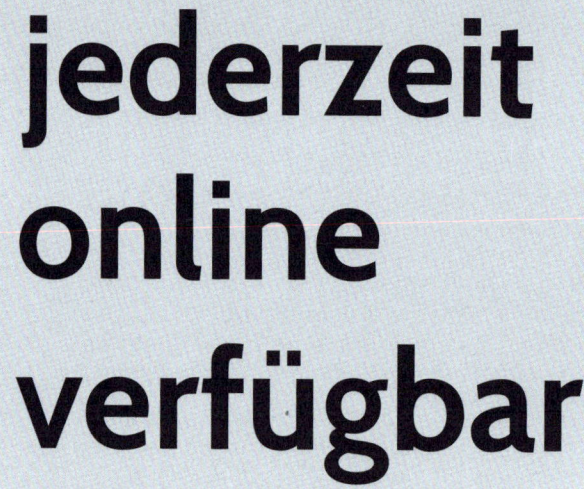